ANNE DE BEAUJEU

JEANNE DE FRANCE

ET

ANNE DE BRETAGNE

TYPOGRAPHIE HENNUYER, RUE DU BOULEVARD, 7. BATIGNOLLES.
Boulevard extérieur de Paris.

ANNE DE BEAUJEU

JEANNE DE FRANCE

ET

ANNE DE BRETAGNE

ESQUISSE DES QUINZIÈME ET SEIZIÈME SIÈCLES

PAR LE BARON TROUVÉ

OFFICIER DE LA LÉGION-D'HONNEUR

Rien n'est beau que le vrai.

BATIGNOLLES

CHEZ L'AUTEUR, RUE PUTEAUX, 17.

—

1854

[illegible]

[illegible]

[illegible]

[illegible]

[illegible]

[illegible]

[illegible]

[illegible]

ANNE DE BEAUJEU

JEANNE DE FRANCE

ET

ANNE DE BRETAGNE

———

Trois femmes, nées sur les marches du trône, ont, à la même époque, étonné leur siècle par des exemples de grandeur, de talents et de courage, qui leur méritent à jamais les hommages de la postérité. Les deux premières étaient filles du roi de France, Louis XI; François II, père de la troisième, régnait en souverain sur le duché de Bretagne. Ce n'est pas à dire que nulle tache n'ait parfois assombri la gloire de ces princesses ; du moins, l'une d'elles doit sans mélange son illustration au malheur et à la vertu.

Louis XI venait de mourir. Son fils,

Charles VIII, entré dans sa quatorzième année, était majeur aux termes de l'ordonnance rendue par Charles V, en août 1374; mais, à cet âge, le nouveau roi n'avait pas les mains assez fermes pour tenir les rênes de l'Etat. Au lieu de les confier à l'un des princes du sang, dont le premier était le duc d'Orléans, qui depuis fut Louis XII, le monarque mourant choisit de préférence Anne, sa fille aînée, âgée de vingt-trois ans.

Cette princesse n'en avait que six, lorsque son père l'offrit au duc de Bourbon pour son frère puîné, Pierre, sire de Beaujeu. Le duc de Bourbon s'était signalé, sous le nom de comte de Clermont, dans les guerres de Charles VII, notamment à la conquête de la Normandie, que décida la victoire de Formigny, remportée par Clermont. Celui-ci, devenu duc de Bourbon, obtint de Charles VII la main de sa fille, Jeanne de France, dont il n'eut point d'enfants. Il regardait le sire de Beaujeu moins comme son frère que comme son fils.

Il n'est pas sans intérêt de rechercher l'origine de cette grande race de Bourbon qui, dès avant le quinzième siècle, avait donné à la France tant d'illustres personnages, et qui, parvenue à la couronne par Henri IV, occupe encore les trônes d'Espagne, des Deux-Siciles et le duché de Parme.

Si nous remontons de Pierre de Beaujeu et de son frère Jean II, duc de Bourbon, nous trouvons en ligne ascendante directe :

Charles Ier, leur père, duc de Bourbon et d'Auvergne;

Jean Ier, fait prisonnier à la bataille d'Azincourt, et qui mourut à Londres, après dix-neuf ans de captivité. Les Anglais avaient reçu trois fois sa rançon et ne voulurent jamais le rendre libre;

Louis II, duc de Bourbon, gouverneur et administrateur du royaume, conjointement avec les ducs d'Anjou, de Berry et de Bourgogne, pendant la minorité et la maladie du roi Charles VI;

Pierre Ier, duc de Bourbon, comte de

Clermont, pair et grand chambrier de France, tué, auprès du roi Jean, à la bataille de Poitiers : il était beau-frère de Philippe de Valois, roi de France, et de l'empereur Charles IV;

Louis Ier, duc de Bourbon, surnommé le *Grand* et le *Boiteux*, pair et grand chambrier de France, roi titulaire de Thessalonique;

Robert de France, sixième fils de saint Louis. Par son mariage avec Béatrix de Bourgogne, fille unique et héritière de Jean de Bourgogne, baron de Charolais, et d'Agnès, dame de Bourbon, Robert de France devint la tige de la maison royale de Bourbon.

On sait qu'avant saint Louis, la troisième race de nos rois se rattache à *Robert le Fort*, issu, selon quelques auteurs, du célèbre Witikind, mais plus vraisemblablement des anciens ducs de Bavière. Robert le Fort mérita les surnoms de *Grand* et de *Machabée*, pour avoir empêché les Normands de subjuguer le royaume. Proclamé duc de France, en 861, il fut tué, cinq ans après, au sein de la victoire, à Brissarte, en Anjou. C'est de son mariage avec la sœur du comte de Laon que descendent en ligne directe :

Eudes et Robert , ducs de France, qui parvinrent au trône sous la race carlovingienne;

Hugues le Grand, qui dédaigna la couronne que son père et son oncle avaient portée, et qui n'en gouverna pas moins l'Etat sous le titre de duc de France;

Son fils, Hugues Capet, fondateur de la troisième dynastie;

Robert, dit le Pieux ;

Henri Ier ;

Philippe Ier;

Louis VI, dit le Gros ;

Louis VII, surnommé le *Jeune ;*

Philippe Auguste;

Louis VIII, Cœur-de-Lion;

Et Louis IX, dit saint Louis.

On voit, d'après ce tableau rapide, que l'alliance de Pierre de Bourbon, sire de Beaujeu, n'était pas indigne de la fille aînée du roi de France. Mais tels étaient la versatilité du caractère de Louis XI et son peu de fidélité à sa parole, qu'après s'être engagé avec le duc de Bourbon, de l'appui duquel il avait besoin, il oublia ses promesses, offrit la main de la princesse Anne, tantôt au duc de Bourgogne, tantôt au duc de Guyenne, son propre frère, tantôt au duc de Calabre. Beaujeu n'opposa que la patience et la soumission aux caprices, à la politique, aux volontés de l'absolu monarque ; et continua de le servir avec le même zèle et le même courage, partageant tous ses travaux et tous ses périls. Cependant il avait renoncé, par ordre de son maître, à la main de la princesse Marie d'Orléans; il avait atteint sa trentième année, sans qu'on pensât à l'établir, quoiqu'il fût appelé à la substitution des biens immenses de la maison de Bourbon.

Enfin Louis XI se détermina pour le mariage d'Anne de France avec Beaujeu. Celui-ci, par le délabrement de ses affaires, était réduit à cet état d'indigence et de détresse que le roi désirait dans les princes du sang, afin de les tenir dans la plus humble dépendance. Toujours semblable à lui-même, Louis corrompit son propre bienfait en exigeant de Beaujeu, pour prix de cette alliance, qu'il consentirait à la réunion de tous les domaines de la maison de Bourbon à la couronne, s'il venait à mourir sans enfants mâles de la princesse. C'était saper tous les fondements de la justice et de la propriété, puisque la branche de Bourbon-Montpensier était substituée à l'expectative de cette succession.

Beaujeu recueillit les avantages les plus signalés de son mariage. Louis XI lui prodigua les dons, les honneurs, les commandements; mais ce qui flattait le plus le sire de Beaujeu, c'est qu'il se vit en possession d'une princesse jeune, belle, spirituelle et si sage, que Louis XI, qui ne sut jamais rendre justice à la vertu des femmes, ne put s'empêcher de convenir de celle de sa fille aînée.

Ce prince fit éclater toute sa tyrannie pour le mariage de Jeanne, sa seconde fille. Il la fit épouser par force au premier prince du sang, Louis, duc d'Orléans, qui n'avait alors que quatorze ans. La princesse Jeanne, dont le caractère était plein de douceur, de modestie et de bonté, avait des défauts dans la taille, et c'est pour ce motif même que Louis XI l'avait imposée au prince, afin d'éteindre en lui la branche d'Orléans. Peut-on douter de ses intentions, en lisant ce qu'il écrivait à ce sujet au comte de Dammartin : « Ils n'auront « guère à besongner pour nourrir les en— « fants qui naîtront de ce mariage. Tou- « tesfois se fera-t-il, quiconque en veuille « parler. Ceux qui iront au contraire ne « seront jamais asseurés de leur vie en « mon royaulme. »

« C'est grant merveille, dit Saint-Gelais, « de ce qu'on faisoit audit duc, et les me- « naces qu'on luy adressoit, s'il ne vivoit « pas avec ladicte dame Jeanne comme « avec une espouse. On ne le menaçoit « de rien moins que de sa vie, et j'auroys « grand' honte de réciter la façon comme « en usoient ceux qui étoient autour, tant « hommesque femmes. »

Un illustre académicien (M. Villemain)

« dit : « Les romans de sir Walter Scott
« sont plus vrais que l'histoire. » Ce mot
est charmant dans son exagération ; pour
le justifier, il suffit de lire les passages sui-
vants de Quentin Durward :

« Semblant chercher un appui sur le
bras de son parent Dunois, et marchant
d'un pas lent et mélancolique, venait Louis,
duc d'Orléans, premier prince du sang, à
qui les gardes rendaient les honneurs militaires en cette qualité. Objet des soupçons de Louis XI, qui le surveillait avec
grand soin, ce prince, héritier présomptif
de la couronne, si le roi mourait sans enfants mâles, ce prince ne pouvait jamais
s'éloigner de la cour, et, en y restant, ne
jouissait d'aucun crédit, n'était revêtu
d'aucun emploi. L'abattement que cet
état de dégradation et presque de captivité imprimait naturellement sur sa phy-
sionomie était en ce moment considéra-
blement augmenté par la connaissance
qu'il avait que le roi méditait à son égard
un des actes les plus cruels et les plus in-
justes qu'un tyran puisse se permettre, en

1.

le contraignant à épouser la princesse
Jeanne de France, la plus jeune des filles
de Louis, à laquelle il avait été fiancé dès
son enfance, et dont la difformité lui donnait à penser qu'on ne pouvait le forcer à
remplir un tel engagement sans une rigueur odieuse...

« Immédiatement après l'arrivée du
roi, les princesses de France et les dames
de leur suite entrèrent dans l'apparte-
ment. L'aînée, qui épousa Pierre de Bourbon, est connue dans l'histoire de France
sous le nom de la dame de Beaujeu. Elle
était grande et assez belle, avait de l'éloquence, des talents et une grande partie
de la sagacité de son père qui, plein de
confiance en elle, l'aimait peut-être autant
qu'il était capable d'aimer.

« Sa sœur cadette, l'infortunée Jeanne,
la fiancée du duc d'Orléans, marchait ti-
midement à côté d'Anne, n'ignorant pas
qu'elle ne possédait aucun de ces dons
extérieurs que les femmes désirent tant et
qu'elles aiment du moins qu'on puisse
leur supposer. Elle était pâle et maigre, et

avait le teint d'une convalescente. Sa taille était visiblement déviée d'un côté, et sa marche si inégale, qu'elle pouvait passer pour boiteuse. De belles dents, des yeux dont l'expression habituelle était la mélancolie, la douceur et la résignation, de longs cheveux blonds, étaient les seuls traits de son visage que la flatterie elle-même aurait osé indiquer comme rachetant la difformité de toute sa personne. Pour compléter ce portrait, il était aisé de remarquer, d'après le peu de soin que la princesse prenait de sa parure, et la timidité de ses manières, qu'elle avait le sentiment de sa laideur (circonstance aussi fâcheuse qu'elle est rare), et qu'elle n'osait faire aucune tentative pour réparer, par l'art, les torts de la nature, ou pour chercher d'autres moyens de plaire.

« Le roi, qui ne l'aimait pas, s'avança sur-le-champ vers elle, et, après quelques paroles assez ironiques adressées à sa fille et au duc d'Orléans : « Allons, beau cou-«sin, approchez et conduisez à son cheval «cette vestale qui vous est toute dévouée. »

« Le malheureux prince leva les yeux, et frémit comme un enfant obligé de toucher quelque chose dont il a un dégoût d'instinct; puis, faisant un effort sur lui-même, il prit la main de la princesse, qui ne la lui présenta ni ne la lui refusa. En voyant la main de la fille du roi, humide d'une sueur froide, tenue dans la main tremblante du duc d'Orléans, et leurs yeux également baissés, il aurait été difficile de dire lequel de ces deux êtres était le plus complétement misérable, ou le duc qui se trouvait enchaîné à l'objet de son aversion par des liens qu'il n'osait briser, ou l'infortunée jeune fille qui voyait trop clairement qu'elle faisait horreur à celui dont elle aurait acheté l'affection au prix de sa vie. »

Dans un entretien avec Philippe de Comines qui ose, au nom du duc de Bourgogne, demander à Louis XI de consentir au mariage du duc d'Orléans avec la jeune Isabelle de Croye : « Jamais, jamais! » s'écrie le roi, en se livrant à un emportement qu'il n'avait pas eu peu de peine à réprimer jusqu'alors, et en se

promenant à grands pas dans la chambre
avec un air de désordre qui formait un
contraste frappant avec son sang-froid
habituel. « Jamais! jamais! Orléans ne
« manquera pas à la foi qu'il a promise
« à ma fille. Il n'aura jamais une autre
« épouse, tant qu'elle vivra... D'Argenton,
« songez que je n'ai qu'un fils, un fils
« d'une santé faible, et qu'Orléans est,
« après lui, l'héritier présomptif du trône.
« Songez que l'Eglise a consenti à son
« union avec Jeanne, union qui fond si
« heureusement ensemble les intérêts des
« deux branches de ma famille. Songez que
« cette union a été le projet favori de toute
« ma vie; que j'ai rêvé, agi, combattu,
« prié, péché pour l'accomplir. Non, Co-
« mines, non, je n'y renoncerai pas. »
Ainsi parle Walter Scott : le langage de
l'histoire est d'accord avec celui du célèbre romancier. « Louis XI, dit Gaillard,
au sujet de ce même prince du sang, per-
sécuta en lui et le nom d'Orléans qu'il
haïssait, et le mérite personnel toujours
suspect aux tyrans. Il imagina un genre

de persécution assorti à son caractère ar-
tificieux; il prit le soin de marier honorablement ce jeune prince pour le priver de
postérité; il le força d'épouser Jeanne
de France, sa fille, princesse vertueuse,
mais difforme, contrefaite, incapable d'a-
voir des enfants. Il fallut subir ce joug;
une vengeance terrible eût suivi de près
le refus. Ce mariage, si violemment im-
posé, eut lieu en 1476. »

Louis XI était âgé de soixante ans, lorsqu'il mourut au château du Plessis-lez-
Tours, le 30 août 1483. C'est dans ce château que ce monarque redoutable s'était
pour ainsi dire condamné lui-même à la
prison. Barrière impénétrable entre lui et
ses sujets, des bastions, des fossés, des
murs hérissés de pointes de fer en rendaient les dehors formidables. Les ave-
nues, les jardins étaient garnis de chaus-
ses-trapes et de piéges de toute espèce. In-
dépendamment d'une garde nombreuse
et terrible, une foule d'espions observaient
l'air et la contenance des passants. Les
membres de sa famille n'étaient pas à l'a-

bri des investigations les plus injurieuses.
Beaujeu, ce prince si sage, à qui il avait
confié le Dauphin, l'Etat même, n'échappa
point à d'odieux soupçons. Un jour qu'il
entrait au château, suivi d'un nombreux
cortége, le roi envoya au-devant de lui
des officiers de sa garde pour tâter sous les
habits de ces courtisans, s'ils n'avaient pas
des armes cachées. C'est Philippe de Comines, confident de Louis XI, qui raconte
ce dernier fait :

« J'ay parlé comme luy fut signifiée et
prononcée peu discrètement la mort; mais,
quelques cinq ou six mois devant cette
mort, il avoit suspicion de tous hommes,
et spécialement de tous ceux qui estoient
dignes d'avoir auctorité. Il avoit crainte
de son fils, et le faisoit estroitement garder : ne nul homme ne le voyoit, ne par-
loit à luy, sinon par son commandement.
Il avoit doubte, à la fin, de sa fille et de
son gendre, à présent duc de Bourbon;
et vouloit sçavoir quelles gens entroyent
au Plessis quant et eux; et à la fin rompit
un conseil que le duc de Bourbon, son

gendre, tenoit léans par son commandement.

« A l'heure que sondit gendre et le comte
de Dunois revinrent de remener l'ambas-
sade qui estoit venue aux nopces (fiançailles) du roy son fils et de la royne, à Amboise, et qu'ils retournerent au Plessis et
entrerent beaucoup de gens avec eux,
ledit seigneur qui fort faisoit garder les
portes, estant en la galerie qui regarde en
la cour dudit Plessis, fit appeler un de
ses capitaines des gardes, et luy commanda
d'aller taster aux gens des seigneurs dessus dits, voir s'ils n'avoient pas de brigan-
dines sous leurs robes; et qu'il le fist
comme en devisant à eux, sans trop en
faire semblant. Or, regardez, s'il avoit fait
vivre beaucoup de gens en suspicion et
crainte sous luy, s'il en estoit bien payé;
et de quelles gens il pouvoit avoir seu-
reté, puisque de son fils, fille et gendre, il
avoit suspicion. »

Onze mois avant sa mort, Louis XI était
allé voir le Dauphin au château d'Amboise, où il le faisait élever dans la plus pro-

fonde retraite. En le rendant invisible au peuple qu'il devait gouverner un jour, le roi craignait sans doute que son fils n'imitât la conduite que lui-même avait tenue envers son père, conduite qui abrégea les jours de Charles VII. Cependant, ramené par la prévision d'une fin prochaine à des sentiments plus naturels et plus justes, Louis donna au jeune Dauphin des instructions qui témoignaient de ses alarmes pour l'avenir. Il ne craignit pas de s'humilier et de s'accuser des fautes qui avaient suscité plus d'une révolte et surtout *la guerre du bien public*. Il exigea de cet enfant la promesse de suivre ses conseils, et prescrivit des ordres pour réparer la négligence apportée jusqu'alors dans l'éducation du Dauphin.

Le moment suprême arrivé, Louis XI, qui s'était montré sans cesse obsédé par la crainte de la mort, démentit par une fermeté inattendue ses accès de faiblesse et de pusillanimité. Il fit appeler Anne de Beaujeu, son mari et les ministres; ordonna qu'on lût son testament par lequel il confiait à sa fille les rênes du gouvernement et la tutelle du nouveau roi. Il le recommanda particulièrement aux soins du comte de Beaujeu qu'il associait à l'administration, répandit dans le sein des deux époux tous les secrets de l'Etat, et donna enfin à l'un et à l'autre des avis également sages et utiles. Il ne survécut pas longtemps à ce pénible effort. Si, par sa politique astucieuse, il avait agrandi le royaume, il n'en laissait pas moins ses peuples réduits à la misère et au désespoir.

En effet, presque toutes les anciennes institutions anéanties, les impôts levés arbitrairement et accrus à l'excès, l'agriculture presque abandonnée, le domaine de la couronne engagé ou aliéné pour enrichir des délateurs et des bourreaux, tel était le tableau que présentait la France. Elle parut se réveiller d'un sommeil pénible et renaître à l'espérance d'un meilleur avenir.

Le sire de Beaujeu était environné de l'estime générale. Sa femme et lui avaient été seuls admis dans l'intimité du feu roi, et, dans ses entretiens avec la princesse, Louis XI avait démêlé la justesse de son esprit et l'énergie de son caractère. Quoiqu'elle ne fût âgée que de vingt-trois ans, le roi calcula que, ne pouvant prétendre à la couronne ni par elle-même ni par son époux, elle n'aurait d'autres intérêts que ceux de son frère, qu'elle veillerait avec soin à sa conservation, et qu'initiée depuis longtemps dans les secrets de l'Etat, elle saurait défendre avec force et prudence l'autorité royale. La reine Charlotte de Savoie, en butte aux dédains du sombre monarque, n'avait jamais joui d'aucun crédit; sans expérience des affaires et reléguée depuis longtemps dans les châteaux de Loches et d'Amboise, le dépérissement de sa santé faisait présumer qu'elle ne survivrait guère à son époux. Tout concourut donc à déterminer le choix de Louis XI en faveur de sa fille. La principale rivalité qu'elle aurait pu craindre disparut avec la vie de la reine, qui mourut à Amboise, le 1er décembre 1483.

Anne de Beaujeu prit le nom de *Ma-*

dame. Elle saisit sans contradiction les rênes de l'Etat. Jusqu'à ce moment, on ne la connaissait que pour une femme aimable et spirituelle. Dès les premiers actes de son administration, elle révéla ses grandes qualités, tempérant l'esprit dominateur et inflexible de son père par la douceur naturelle d'un sexe dont elle réunissait tous les charmes. Ceux qui aspiraient au pouvoir et qui s'étaient flattés de gouverner sous son nom virent cet espoir déçu, sentirent combien ils auraient de peine « à lutter contre une hardiesse qui n'allait jamais jusqu'à la témérité, et contre une prudence qui ne dérobait au courage aucune de ses ressources. »

Madame s'occupa d'abord des relations avec les puissances étrangères. Sans s'écarter du système de Louis XI, elle sut y mettre plus d'adresse et profiter habilement du peu de défiance que devait inspirer une jeune femme, appelée tout à coup à gouverner un grand royaume. Tranquille au dehors, elle reporta son attention sur les dispositions inquiétantes de l'intérieur.

Au monarque le plus jaloux de son pouvoir et à qui les moyens les plus terribles ne coûtaient rien, quand il s'agissait de venger les atteintes portées à son autorité arbitraire, à ce roi dont la mémoire était détestée de tous les ordres de l'Etat, succédait un prince encore enfant, d'une complexion délicate, d'un esprit plus faible encore. Déjà la cour se remplissait de cabales; divers partis se formaient pour disputer à Madame la tutelle que Louis XI avait remise entre ses mains. « Est-il dans notre histoire, disaient quelques grands seigneurs, un seul exemple de cette régence confiée à une jeune princesse au préjudice de sa mère? Les anciens usages de la monarchie et les droits de la nature n'appellent-ils pas la reine à veiller à la conservation de son fils? Ne doivent-ils pas l'emporter sur les caprices d'un despote qui, pendant sa vie, avait pu faire fléchir toutes les lois, mais dont la tyrannie ne devait pas s'étendre au delà du tombeau? »

De toutes les prétentions, la plus à redouter était celle qu'affichait Louis d'Orléans. Premier prince du sang, héritier présomptif de la couronne, il réclamait à ce double titre l'administration de l'Etat. Il avait pour lui la faveur du peuple : on admirait ses grâces, sa valeur, son affabilité, sa franchise et sa magnificence; mais il n'avait pas vingt-trois ans, et les désordres de sa jeunesse, les passions impétueuses auxquelles il s'était livré jusqu'à ce moment formaient contre lui des obstacles qui paraissaient insurmontables. Pouvait-on sans imprudence confier le soin des affaires publiques à un mineur que la loi déclarait incapable de régir ses propres affaires? Ne tremblait-on pas de laisser la personne du roi entre les mains d'un héritier que recommandait seulement le souvenir de ce prince d'Orléans qui s'était conduit d'une manière si noble et si désintéressée pendant la minorité de Charles VI? Parmi ses partisans, on remarquait le comte d'Angoulême, son cousin, Georges d'Amboise, évêque de Montauban, et le fils de ce fameux Dunois, qui fut l'un des plus vaillants guerriers et l'un des principaux appuis de Charles VII.

Faut-il en croire Brantôme, lorsqu'il avance que Madame n'avait pas été insensible aux qualités brillantes de Louis d'Orléans, et attribuer au dépit d'un amour dédaigné l'acharnement qu'elle montra ensuite contre ce prince? Vraie ou fausse, cette conjecture a été repoussée par un grand nombre d'écrivains.

Le vainqueur de Formigny, ce comte de Clermont, devenu duc de Bourbon et qui fut depuis connétable de France, élevait aussi des prétentions fondées sur l'exclusion que la loi donnait au duc d'Orléans, à cause de sa minorité. Certes, si de grandes actions à la guerre, des services importants rendus à l'Etat, le génie et l'expérience des affaires, la fermeté, le désintéressement, la grandeur d'âme, la vertu éprouvée par de longues adversités eussent pu suppléer à des droits légitimes, le duc de Bourbon eût mérité les suffrages de la nation entière. Ainsi, des rivalités d'ambition faisaient taire dans le cœur de ce prince la tendre amitié qu'il avait jusque-là professée pour son frère, Pierre de Beaujeu. Mais c'était moins à ce frère que Bourbon disputait l'exercice du pouvoir, qu'à Madame, aussi jeune que le duc d'Orléans, et d'un sexe moins capable des travaux du gouvernement.

Madame prouva qu'en elle la capacité n'avait pas attendu le nombre des années. Ce fut par les bienfaits qu'elle entreprit de combattre ses rivaux. Assigner au duc d'Orléans le premier rang dans les con-seils, le déclarer gouverneur de Paris, de l'Ile-de-France, de la Champagne et de la Brie; traiter le comte de Dunois, son ami, avec la même générosité et lui donner le gouvernement du Dauphiné; conférer au duc de Bourbon l'épée de connétable, qui, depuis vingt-cinq ans, faisait l'objet de ses désirs, tels furent les actes par les-quels Anne de Beaujeu voulut inaugurer le pouvoir qu'on cherchait à lui ravir. Mais ces grâces ne désarmèrent point les deux princes à qui elles étaient prodi-guées. Ils se servirent, au contraire, de cet accroissement de crédit pour disputer

encore avec plus d'avantage l'administration du royaume. Ils réclamèrent la con-
vocation des Etats généraux, et les prirent
pour juges et pour arbitres de leurs prétentions.

Rejeter ou même éluder une telle demande, c'eût été provoquer le ressentiment de tous les ordres de l'Etat. Le duc
d'Orléans et le duc de Bourbon n'eussent
pas hésité à se déclarer les défenseurs et
les soutiens des libertés et des priviléges
de la nation. Madame parut d'abord redouter une assemblée qui pouvait ébran-
ler son autorité à peine affermie. Des réformes exigées pouvaient devenir un prétexte pour susciter des troubles et pour
mettre en danger la puissance royale.
D'un autre côté, rassurée par l'espoir que
la bonté, l'ingénuité et la douceur du
jeune Charles, peintes dans ses yeux, ex-
primées dans toutes ses actions et ses paroles, toucheraient le cœur des Français;
comptant aussi sur la reconnaissance du
peuple, dont elle avait commencé à sé-
cher les larmes, Madame crut ne rien ha-

sarder en se prêtant à la décision des Etats généraux : ils furent convoqués à Tours pour le commencement de l'année suivante, 1484.

En attendant la réunion de cette assemblée, Madame poursuivit le cours d'une vie qu'elle consacrait au soulagement et au bonheur du peuple. Elle eut la force et la magnanimité de désavouer le système violent du roi son père. A la dureté, aux caprices, à la fraude, à l'espionnage, elle substitua la clémence, la justice, la franchise et la vérité. Elle rappela les bannis; elle ouvrit les portes des prisons, des cachots, des cages de fer aux malheureux, arrêtés souvent sur de simples soupçons; elle abandonna les favoris de Louis XI à la rigueur des lois. Olivier le Daim, d'Oyac, expièrent dans les supplices ou dans des tourments plus douloureux que la mort leurs crimes et leurs infâmes délations. Ce dernier avait été le plus ardent persécuteur du duc de Bourbon.

Les Etats généraux s'ouvrirent à Tours, le 15 janvier 1484. On peut regarder cette

assemblée comme une des plus mémora-
bles et des plus utiles de la monarchie.
Les trois ordres, parfaitement d'accord
sur les réformes à proposer, résolurent
de délibérer en commun. Quelques voix
s'élevèrent d'abord pour réclamer l'administration de l'État en faveur des représentants de la nation; mais cette préten-
tion, toute nouvelle, fut repoussée par le
cri d'une imposante majorité. Les droits
que faisaient valoir les princes du sang
furent ensuite l'objet de la discussion.
Des historiens ont avancé que, si le duc
d'Orléans eût demandé sur-le-champ d'ê-
tre mis à la tête des affaires jusqu'à ce que
le roi fût en âge de gouverner, il eût in-
failliblement atteint le but de son ambition. Peut-être est-il permis d'en douter.
Les souvenirs odieux qu'avait laissés le
règne de Louis XI formaient, il est vrai,
un préjugé contre ses dispositions testa-
mentaires en faveur de sa fille; mais Madame avait inauguré son pouvoir sous les
plus heureux auspices; aussi parvint-elle
à triompher de tous les efforts de ses ri-

vaux. Les Etats, considérant qu'à la vigilance, à la sollicitude, aux soins de la plus tendre mère, cette princesse joignait le génie d'un homme d'Etat; que son courage et l'élévation de son âme avaient encore pour appui les vertus, les lumières et l'intégrité de son époux, décidèrent que le comte et la comtesse de Beaujeu demeureraient auprès de la personne du jeune roi, comme Louis XI l'avait réglé par ses dernières volontés.

Les intérêts du duc d'Orléans et du connétable de Bourbon fixèrent également l'attention de l'assemblée. Il fut statué qu'en l'absence du roi, le duc d'Orléans, à son défaut, le duc de Bourbon, et, à défaut de celui-ci, le comte de Beaujeu, présiderait au Conseil, qui devait être composé de tous les princes du sang, de plusieurs seigneurs et de douze membres choisis parmi les représentants de la nation aux Etats généraux.

Si Madame, malgré ce qu'en disent quelques historiens contemporains, n'obtint pas le titre de régente (le roi était majeur, conformément à l'ordonnance de Charles V), elle en eut les droits, le pouvoir et les honneurs. Pour justifier cette noble confiance des Etats, cette princesse n'hésita point à déposer entre leurs mains l'autorité dont elle venait d'être investie, voulant ainsi les mettre à portée d'établir le bonheur public sur les fondements les plus solides.

C'est alors que les États songèrent sérieusement à soulager le peuple, à proportionner les subsides aux besoins, à réprimer les vexations des grands et les rapines des financiers. Ces opérations sont exposées dans une relation manuscrite de Jean Masselin, official de Rouen, témoin de tout ce qu'il rapporte, car il avait joué lui-même un rôle important dans cette assemblée.

Les États partagèrent en cinq chapitres les matières soumises à leurs délibérations.

Dans le premier chapitre, intitulé : *De l'état de l'Église*, ils demandent le rétablissement de la pragmatique sanction, telle qu'elle avait été instituée sous Charles VII, et par conséquent le maintien des libertés de l'Église gallicane, toujours défendues par nos rois, depuis saint Louis jusqu'à Louis XI : ce dernier avait souffert que les abus réprimés par leurs actes se fussent renouvelés.

Dans le second chapitre, qui a pour titre : *De l'état de la noblesse*, cet ordre se plaint de l'abus, introduit sous le dernier règne, de convoquer presque toutes les années le ban et l'arrière-ban, mesure que l'on devrait réserver pour les cas où la France est en danger. Louis XI confiait les plus importantes places du royaume à des étrangers, par suite du plaisir qu'il prenait à corrompre les ministres et les généraux de ses ennemis. On cite plusieurs exemples des trahisons de ces étrangers, non moins infidèles à leur nouveau maître qu'à leur premier ; et l'on supplie le roi de ne donner les charges de gouverneurs, de sénéchaux et de baillis qu'aux nationaux les plus considérables dans les diverses provinces, parce qu'ils sont plus intéressés à empêcher les pillages des gens

de guerre, et plus attentifs à se précau-
tionner contre les ennemis du dehors.

Le troisième chapitre, intitulé : *Du commun ou du tiers État*, entre dans le détail
des causes de l'épuisement du royaume :
sommes innumérables que l'annate faisait passer à Rome, depuis la suspension
de la pragmatique, sous Louis XI ; pillages
des gens de guerre ; fardeau des subsides,
rendu plus onéreux par les vexations des
percepteurs. Les États ne se bornaient pas
à révéler les maux, ils en indiquaient le
remède : réunir au domaine tout ce qui
en avait été séparé ; supprimer les offices
inutiles, réduire les gages des autres;
retrancher ou du moins modérer les pensions, ainsi que les dépenses ruineuses
et superflues : telles sont les dispositions
principales de l'assemblée. Elle conclut
« à ce que toutes tailles et autres imposi-
« tions arbitraires soient tollues et abolies,
« et que désormais, et suivant la naturelle
« franchise de France, aucunes tailles ni
« autres impositions équivalentes ne puis-
« sent être levées dans le royaume sans la

« participation et le consentement libre
« des États généraux. »

Dans le quatrième chapitre, intitulé :
*De la justice ou de la police générale du
royaume*, on se plaint de la vénalité intro-
duite dans les juridictions subalternes ;
on propose de remettre, à cet égard, les
élections en vigueur, « car justice ne peut
« être exercée sinon par des gens justes. »
On se plaint encore de la multiplicité des
offices ; on demande la suppression de
ceux qui sont superflus, et l'on ne per-
met à personne de posséder à la fois plus
d'un office royal. La justice criminelle
avait été, sous Louis XI, un tissu de vio-
lences tyranniques : qu'un tel désordre
soit réparé ; que les délateurs et les calom-
niateurs soient punis ; que la conduite des
juges iniques soit recherchée ; c'est encore
une des réclamations de l'assemblée, qui
renvoie presque toujours au règne de
Charles VII, administration qu'elle aime
à proposer pour modèle.

Le cinquième chapitre a pour titre :
De la marchandise. On y réclame la liberté

si nécessaire au commerce, liberté constamment entravée depuis la mort de Charles VII. Les États demandent l'abolition des nouveaux droits; et, à l'égard des droits anciens, une énonciation si claire que les juges des localités puissent décider sur-le-champ, sans écritures et sans procès, les contestations qui s'élèveront entre les commis et les marchands.

Nous passons sur les autres détails, pour arriver à ce qui concerne la réformation des finances. Cet objet amena la proposition de communiquer à l'assemblée les états de recette et de dépense. On trouva les premiers très-diminués et les seconds très-enflés; et c'est sur cette matière seulement que les États généraux et Madame cessèrent d'être d'accord. Aussi, l'article relatif à cette partie de l'administration porte-t-il le caractère d'une défiance et d'une économie poussées à l'excès. On ne vit pas sans étonnement que les tailles qui, sous Charles VII, ne s'élevaient qu'à douze cent mille livres, fussent montées, sous Louis XI, à près de sept millions. Les États n'octroient qu'une imposition de douze cent mille livres, et trois cent mille livres tant pour joyeux avénement que pour les frais du sacre. L'imposition n'aura point le nom de taille, et la levée en sera surveillée par les États, qui ne se sépareront que lorsqu'elle sera terminée. Ils seront convoqués de nouveau dans deux ans, et nul impôt ne sera mis sur le peuple sans leur consentement.

« Nous sommes intimement persuadés,
« dit Masselin, que, si l'on prend le parti
« de retrancher les dépenses superflues,
« cette somme de douze cent mille livres,
« jointe au produit du domaine et des ai-
« des et gabelles, sera plus que suffisante
« pour subvenir à toutes les dépenses né-
« cessaires, et qu'on pourra même réser-
« ver une partie considérable de cette
« somme pour les besoins extraordinaires.

« Voici sur quoi nous nous fondons :
« Charles VII avait bien moins de revenu
« que n'en a aujourd'hui Charles VIII,
« puisqu'il ne possédait ni l'Anjou, ni le
« Maine, ni les deux Bourgognes, ni l'Ar—

« tois, ainsi qu'une grande partie de la
« Picardie; ni la Provence, ni le Roussil-
« lon, ni même le Dauphiné, dont il avait
« abandonné les revenus au Dauphin, son
« fils. Charles VII avait plus de charges que
« n'en a aujourd'hui Charles VIII, puisqu'il
« avait des fils et des filles, et qu'il payait des
« pensions au roi Réné d'Anjou et au comte
« du Maine; cependant Charles VII eut la
« cour la plus brillante de l'Europe; il re-
« couvra par la force de ses armes pres-
« que tout son royaume, nommément
« deux des plus grandes provinces, la Nor-
« mandie et la Guyenne, et laissa en mou-
« rant d'immenses trésors.»

Il n'est pas sans intérêt de remarquer
ici le jugement que porte sur la relation
de Masselin l'historien de la rivalité de la
France et de l'Angleterre :

« Cette relation des États de Tours, l'un
des plus curieux monuments de notre histoire, dit Gaillard, prouve deux points
très-importants : l'un, que l'administration
de Louis XI n'ayant été que violence au
dedans, comme elle n'était que fourberie

au dehors, que ce prince, de tous nos rois le plus opposé à saint Louis, et qui fait époque dans le système de guerre, comme saint Louis dans le système de paix, ayant détruit tout ordre et renversé toute loi, il fallut, à sa mort, remonter, pour ainsi dire, tous les ressorts du gouvernement; l'autre, que les vrais principes d'une bonne administration étaient dès lors bien connus en France, et que, si l'on n'y faisait pas tout le bien qu'on y pouvait faire, ce n'était pas faute de lumières.

« Concluons de là, ajoute-t-il, que le mal ramène le bien par l'indignation même qu'il excite, et qu'en voulant asservir un peuple, on ne fait souvent que l'éclairer, en lui rendant ses intérêts plus sensibles et plus chers. »

C'est donc avec un revenu de deux millions cinq cent mille livres (le marc d'argent valait alors neuf à dix livres), que Madame se chargeait de maintenir l'éclat du trône et de soutenir les dépenses publiques. Mais, à cette époque, la France n'avait point de marine, et la masse de ses forces de terre ne consistait qu'en deux mille cinq cents lances (douze mille cinq cents chevaux) et sept à huit mille hommes de pied. Ces ressources modiques, fortifiées de quelques crues sur les tailles, qui ne passèrent pas trois ou quatre cent mille livres, suffirent à la dame de Beaujeu pour faire face aux guerres intestines et étrangères qui l'occupèrent pendant toute son administration.

Après avoir, d'accord avec les États généraux, pourvu à tout ce qui intéressait les besoins publics, Madame voulut exciter l'attention de l'assemblée sur des infortunes particulières qui émurent au plus haut point les députés de la nation.

Sous le règne de Louis XI, Jean V, comte d'Armagnac, avait été lâchement assassiné dans la ville de Lectoure, en présence de son épouse, qui fut elle-même empoisonnée à la fin d'une grossesse. Charles d'Armagnac, frère du comte, avait subi, dans les cachots de la Bastille, une captivité de dix années. Enfermé dans une cage de fer, il en était tiré deux fois par semaine pour subir des châtiments aussi honteux que barbares. Anne de Beaujeu lui ouvrit l'entrée des États et lui permit de plaider sa cause devant cet auguste tribunal. A l'aspect défiguré de ce rejeton de Clovis, dont la raison semblait égarée par ses longues souffrances, l'assemblée ne put contenir ses soupirs et ses gémissements. Madame, plus attendrie encore, se hâta de réparer les cruautés de son père, en rendant au suppliant les domaines de sa maison, qui avaient été confisqués. Pierre de Beaujeu lui restitua le comté d'Armagnac dont il avait été gratifié par Louis XI.

A cette scène, en succéda une bien plus saisissante encore, lorsque, dans la même enceinte, parurent des orphelins qui venaient tendre leurs mains innocentes : c'étaient les enfants de Jacques d'Armagnac, duc de Nemours. Ce seigneur, comblé des bienfaits de Louis XI, ne les avait reconnus que par des trahisons répétées. On sait que la haine du monarque voulut imprimer à un acte de justice les caractères de la plus atroce vengeance. Le duc de Nemours, arraché aux embrassements de sa femme en couches, qui expira trois jours après, fut conduit dans la forteresse de Pierre-en-Cize, de là transféré à la Bastille et enfermé dans une cage de fer. Livré au jugement de commissaires entre lesquels Louis XI, afin d'anéantir à jamais la maison d'Armagnac, avait partagé les biens immenses de Nemours, celui-ci fut condamné à avoir la tête tranchée. On frémit des raffinements de cruauté qui signalèrent son supplice. La chambre dans laquelle le duc se confessa était tendue de noir. Il fut conduit aux halles sur un cheval couvert d'une housse de même couleur. Un échafaud était dressé dans cette place. Les enfants du condamné, vêtus de blanc, têtes nues et mains jointes, furent amenés sous cet échafaud d'où le sang de leur père ruissela sur eux. La vue de ces victimes, en proie à la misère, éveilla dans tous les cœurs un sentiment d'horreur et de pitié. Madame prévint les désirs de l'assemblée, en ordonnant qu'ils

fussent mis en possession du comté de Gui-
se, héritage de Marie d'Anjou, leur mère.
Ce n'était qu'un faible débris d'une immense fortune. Mais comment arracher à
des juges avides les dons qui avaient payé
d'avance la condamnation ? C'est ici que
le connétable de Bourbon fit éclater sa
magnanimité. Nemours l'avait calom-
nieusement impliqué dans une conspiration dont il tenta d'effrayer le soupçon-
neux Louis XI, et qu'il ne rétracta qu'à la
vue de l'échafaud. Le connétable oublia
les torts de Nemours et se souvint seulement qu'il avait été son compagnon d'armes; il fit plus, il porta la générosité jusqu'à épouser sa fille, réhabilitant, autant
qu'il était en lui, la gloire d'un grand nom,
obscurcie alors par l'humiliation et l'infortune.

Le résultat des États généraux de Tours,
qui avaient été convoqués dans le but de
ravir à Madame l'autorité que lui avait
léguée son père, fut le triomphe de cette
princesse. Si jeune encore, Anne de Beaujeu montra que, dans des circonstances

difficiles, elle saurait tenir d'une main ferme les rênes du gouvernement. Sa conduite envers le duc d'Orléans mérita et obtint tous les suffrages. Loin de faire ostentation de la victoire qu'elle avait remportée sur lui, elle ne parut occupée que du soin d'adoucir son ressentiment : elle lui donna une compagnie de cent hommes d'armes ; elle traita les comtes d'Angoulême et de Dunois, principaux amis du prince, avec la même distinction, et leur accorda de plus à chacun une pension de seize mille livres.

D'un autre côté, la perspicacité de la fille de Louis XI, pénétrant les dispositions secrètes de son jaloux et ambitieux rival, avait su se ménager des appuis. Persuadée que le meilleur moyen d'assurer le bonheur public et d'affermir le trône était de s'entourer d'hommes vertueux et éclairés, elle choisit pour ministres les sages qui lui étaient désignés par la voix du peuple. Elle avait en outre démêlé dans la foule des courtisans un jeune homme en qui tout était grand, naissance, génie, courage et fortune : c'était Louis de la Trémouille, surnommé depuis, à juste titre, *le chevalier sans reproche*, et dont le dévouement pour Madame allait jusqu'à l'enthousiasme. Elle lui rendit l'héritage de la maison de Thouars, envahi à son préjudice par Louis XI ; elle l'admit dans les conseils, et, pour se l'attacher encore par un lien plus fort, elle lui fit épouser Gabrielle de Bourbon-Montpensier, cousine germaine du comte de Beaujeu.

Avant d'exposer le rôle important que va jouer ce guerrier, alors âgé de vingt-sept ans, qui servit sous quatre rois, fut à Marignan l'un des héros de cette *bataille des géants*, mérita d'être appelé par Guicciardin le plus grand capitaine du monde, et couronna sa glorieuse carrière en mourant à la journée de Pavie, sous les yeux de François Ier, nous croyons devoir nous arrêter sur les commencements d'une vie si noblement et si utilement remplie. Nous empruntons à ses Mémoires, écrits par Jean Bouchet, les naïfs et intéressants détails qui suivent :

« Louis de la Trémouille naquit le 20 septembre 1460. Dès l'âge de treize ans, il force, pour ainsi dire, son père de l'envoyer à la cour de Louis XI, où il se fit tellement remarquer que déjà ce prince disait de lui : « Ce petit Trimouille sera « quelque jour le soustenement et la def- « fence de mon royaulme ; je le veux « garder pour un fort escu contre Bour- « gongne. » « C'estoit, ajoute son histo- rien, messire Philippe de Comynes, le roi qui se cognoissoit mieulx en gens que homme qui fust en son royaulme, et à les voir une fois seulement, prédisoit leur preudhommie ou lascheté, dont peu après on voyoit les expériences.»

« Et, en l'âge de dix-neuf ans, conti- nuent les Mémoires de la Trémouille, prit accointance avec un jeune chevalier de l'âge de vingt-trois ans, marié avec une fort belle dame estant en l'âge de dix-huit ans, lesquels je ne veux nommer. Et fut l'amour si grand entre ces deux jeunes seigneurs, que le chevalier vouloit tous- jours estre en la compagnie du seigneur

de la Trimoille , et souvent le menoit
passer le temps en son chasteau. »

CHAPITRE VII.

De la grant et honneste amour qui fut entre le jeune
seigneur de la Trimoille et une jeune dame.

« Bientost la jeune dame eut jour et
nuit devant les yeux la formosité et bonnes
graces du jeune seigneur de la Trimoille,
et lui son excellente beauté, son humble
maintien , gracieuse parole et honneste
entretien. Or avoient-ils encores la ver—
gogne de honnesteté devant les yeux, car
la dame n'avoit oncques mis son cœur en
aultre que son espoux, et le seigneur de
la Trimoille n'avoit oncques employé son
esprit, ne donné labeur à ses pensées en
fait de voluptueuses amours, mais seulement ès guerres, chasses, joustes, tournois
et aultres passetemps honnestes; et lui fut
ce premier desir amoureux fort estrange ;
car sa pensée n'avoit sureté, et son courage n'estoit en paix, mais assailli d'assauts

intérieurs, tant de jour que de nuit, en sorte que son noble cœur ne pouvoit trouver patience. Encores n'estoit le seigneur de la Trimoille en si continuelle guerre que la dame, car il avoit plusieurs passe-temps qui lui pouvoient donner quelque oubliance ; mais la pauvre dame (je dis pauvre d'amoureux confort, et riche de toutes aultres choses) demeuroit tout le long du jour en sa maison sans rien faire, au moyen de quoy les pensées croissoient immodérément au jardin de son cœur ; en sorte que, avant que fussent trois jours passés, une pâleur de tristesse vint saisir son visage, ses yeux changèrent leur doulx regard, ses jambes se debilitèrent, son repos n'avoit patience, souspirs et gémissements sailloient de son cœur, l'estomac qui plus ne les pouvoit porter les chassoit jusques à la bouche, qui en devint toute ulcérée ; en sorte qu'elle fut contrainte de demeurer au lit, malade non de fièvre, mais d'une saine maladie et d'une santé languissante. Son espoux la voulut conforter, et y fit venir plusieurs médecins, et des plus experts ; mais ils n'eussent pu connoître son mal au pouls, ne à l'urine, ains à ses véhéments soupirs.

« D'un aultre côté, le chevalier, voyant maigrir le jeune seigneur de la Trimoille et devenir tout solitaire et pensif, lui demandoit souvent ce qu'il avoit et s'il estoit amoureux : ledit seigneur, en rougissant, lui disoit que non, et prenoit excuse sur quelque aultre chose; mais sa contenance, contrariant à sa parole, le rendoit coupable... Il estoit si pressé en son esprit, qu'il eust bien voulu n'avoir ses amoureux pensements, et souvent délibéroit se retirer à la cour ou ailleurs; mais soudain, par un seul regard de la dame, en estoit détourné : aussi le chevalier le retenoit tousjours, et sans lui ne pouvoit vivre. »

CHAPITRE VIII.

Comment l'amour de la dame fut découverte au chevalier, son époux; et comment le chevalier, par doulceur, les retira de leurs folles affections.

« Or voyons-nous en quelle destresse estoient ces deux personnages pour trop

aimer, dont le chevalier eut par conjec-
tures quelque cognoissance, car il estoit
assez mondain et de grant esprit. Toutesfois n'en fit lors semblant, et, après s'estre
couché près de sa femme, au lieu de dor-
mir, se mit à deviser avec elle de ses jeu-
nesses et bons tours qu'il avoit faits en
amours avant son mariage, lui disant
« que c'estoit la plus grant peine du
« monde, et se doutoit que le seigneur de
« la Trimoïlle le fust, mais ne sçavoit de
« quel personnage, et ne le pouvoit ima-
« giner, ne penser à la raison de ses per-
« fections de nature, richesses et dons de
« grace, et que la dame seroit fort heu-
« reuse qui de lui seroit par honneur
« aimée. Et si je sçavois, disoit le cheva-
« lier, en quelle dame il a mis son cœur,
« je laisserois le chemin de mon repos, et
« je prendrois celui de son labeur ; car il
« le vault. — Et si c'estoit de moi, dit la
« dame, que diriez-vous ? — Je dirois que
« valez bien de estre aimée ; mais je pense
« qu'il a si loyal cœur qu'il ne voudroit
« maculer nostre lit pour chose du monde,

« et qu'il aimeroit mieulx mourir que le
« faire, et aussi qu'il cognoist la perfection
« de vos vertus, et l'arrest d'amour qu'a-
« vez fait en moi. Et néantmoins si, par
« une passion de desir qui éveille les clairs
« entendements des hommes et femmes,
« estoit tombé en cet inconvénient dont
« ne pust sortir sans mort, fors par la
« jouissance de vous, pourvu que Dieu
« n'y fust offensé, votre honneur maculé
« et ma noblesse souillée, j'y donnerois
« plustost consentement que à sa mort.
« Je vous prie, m'amie, s'il est ainsi, qu'il
« me soit celé. — Je vous assure, mon
« ami, dit la dame, que c'est de moi;
« mais sçachez que c'est d'un amour tant
« honneste qu'il aimeroit mieulx mourir
« que de vous offenser, ne me donner
« reproche; et vous aime tant, comme il
« m'a dit, que l'amour qu'il a à vous
« combat celle dont il m'aime, qui est la
« principale cause du mal qu'il souffre,
« duquel mal, sans vous en mentir, je
« supporte partie sur mon cœur, par pi-
« tié qui ne lui peut ne doit secourir.

« — M'amie, respond le chevalier, nous
« trouverons moyen de lui donner allé-
« geance par ce que je vous dirai. Demain,
« après disner, irai avec mes serviteurs,
« en tel lieu, sans retourner jusques au
« lendemain. Cependant irez à sa cham-
« bre et lui porterez une lettre que je ferai,
« vous offrant par mon congé à sa mercy.
« Si je ne vous cognoissois sage, prudente
« et chaste, ne vous baillerois cette li-
« berté, laquelle pourriez prendre ; mais
« il me semble que aultre moyen n'y a
« pour le guérir de son mal, duquel plu-
« sieurs jeunes seigneurs sont morts, ou
« tombés en quelque grant nécessité. »

« En tenant ces propos, après aulcuns
honnestes baisers, le chevalier s'endormit,
mais non la dame, laquelle passa le reste
de la nuit en larmes qui laverent son cœur
de l'infection de ses amoureux pensements, à la considération de la bonté et
honnesteté de son espoux, à sa doulceur
et bénignité, à l'amitié qu'il avoit au jeune
seigneur, et à la grant confiance qu'il avoit
à elle.

« Le chevalier se leva matin, et d'un gracieux baiser par lui donné à son espouse, qui sur le matin s'estoit endormie, la réveilla et lui renouvela en briefves paroles leur délibération de la nuit; et lui, prest de ses accoustrements, se retire en la chambre de son secret, où il fit une briefve épistre. Cependant le jeune seigneur de La Trimoille, tout désolé des songes et fantaisies nocturnes, se leva, et, la messe ouïe avec le chevalier et la dame, disnèrent assez matin. Le disner fait, le chevalier dit au seigneur de La Trimoille qu'il vouloit aller à une sienne maison pour quelque affaire, et que le lendemain seroit de retour à disner. Ledit seigneur offrit et pressa le chevalier de lui tenir compagnie, mais par honneste excuse l'en refusa.

« Or fût bientost prest le chevalier, et, sa lettre baillée à son espouse, monta à cheval, accompagné de ses gens, pour aller où il avoit dit, en présence dudit seigneur et de la dame; lesquels, hors du danger des serviteurs (qui souvent dient

plus qu'ils ne sçavent) se retirèrent seuls
en la chambre de la dame, où elle, toute
honteuse, lui demanda : « — Monsieur,
« comment vous est-il allé cette nuit? —
« Assez mal, dit-il, car je l'ai passée en
« souspirs, fantaisies et songes merveil-
« leux. — Et je l'ai accompagnée, dit la
« dame, de larmes et pleurs; car mon
« mari, cognoissant nostre amour, m'en
« a bien avant parlé, non comme jaloux
« de vous, mais comme le plus grant ami
« qu'il ait et qu'on pourroit avoir en ce
« monde; car, son intérest mis arrière et
« mon honneur oublié, m'a prié vous
« mettre hors des lacques d'amour, des-
« quels vous et moi sommes si estroite-
« ment liés, et m'a chargé vous bailler
« cette lettre. » Ledit seigneur fut tant
esbahi de tels propos qu'il perdit la parole; car tant aimoit le chevalier, qu'il
eust bien voulu mourir pour lui en juste
querelle; et, sa bouche ouverte par le
commandement du cœur, après s'estre
par les yeux deschargé de ses souspirs,
prit et lut la lettre.....

CHAPITRE IX.

L'honneste moyen par lequel le jeune seigneur de La Trimoille et la dame se départirent de leurs secrettes amours.

« Cette lettre eut telle vertu que (toute folle amour chassée) raison ouvrit leurs intellectuels yeux pour cognoistre l'honnesteté, bonté et prudence du chevalier, leur folle entreprise, inconsidération et immodérées voluntés...

« Environ quatre heures devers le soir, ledit seigneur monta sur une haquenée, et seul s'en alla au-devant du chevalier, lequel fut rencontré à une lieue près : après double salut fait et rendu, firent aller les serviteurs devant, et demeurèrent assez longtemps derrière. Le jeune seigneur se excusa envers le chevalier au mieulx qu'il lui fut possible, et l'assura par serment que sa lettre avoit esté la seule médecine de sa playe, et que, quelque amour qu'il eust à son espouse, estoit tant honneste qu'il eust mieulx aimé mourir

que maculer la loy et foy de leur mariage,
qui estoit la cause de son grief mal; car
sa passion sensuelle vouloit ce que raison
lui deffendoit.

« Le chevalier aussi s'excusa envers lui
de sa lettre, disant qu'il ne présuma oncques qu'il voulust mettre à effet ses pensées. Et en ce propos arrivèrent au chasteau, où ils trouvèrent le soupper prest,
et la dame avec aultres gentilshommes,
qui les attendoient. Le jeune seigneur fut
contraint par le chevalier de se asseoir
devant la dame, et cognut leurs conte-
nances toutes changées, et qu'ils avoient
mis arrière une grant partie de leurs
amoureuses fantaisies. Après soupper, il y
eut tambourins et instrumens, dansèrent
et devisèrent assez tard, puis chascun se
retira en sa chambre. Et comme fut seul
en son lit, fut encore assailli par un gracieux souvenir de la dame, en réduisant
à mémoire ses graces et façons tant honnestes, et lui estoit encores demeuré quelque relique de ses amoureuses passions,
dont ne se pouvoit aisément descharger;

mais le bon tour que lui avoit fait le chevalier chassa ces pensées et il s'endormit.»

CHAPITRE X.

Comment le jeune seigneur de La Trimoille laissa la
maison du chevalier, et s'en alla au trespas de monsieur
son père.

« Quand il fut jour, le jeune seigneur
de La Trimoille se trouva bien délibéré
de plus ne donner lieu aux amoureuses
pensées du temps passé, et comme il se
vouloit lever, lui vinrent nouvelles certaines que monsieur son père estoit griefve-
ment malade et près de la mort. Parquoy
soudain envoya vers le chevalier sçavoir
s'il pourroit lors parler à luy; lequel soudain venu, et le bonjour donné par l'un à
l'aultre, s'enquist comment il avoit passé
la nuit; et ledit seigneur lui déclara la
nouvelle qu'il avoit eue de la maladie de
monsieur son père. Si lui conseilla lors
d'aller vers lui en diligence dès ledit jour :
ce qu'il délibéra ; mais avant son soudain
partement, après la messe ouïe, en atten-

dant le disner, alla prendre congé de la
dame, qui n'estoit encores sortie de sa
chambre; et, après l'avoir gracieusement
saluée, lui dit : « Madame, je suis l'homme
« le plus tenu à vous que à toutes les hu-
« maines créatures, tant pour le bon trai-
« tement que m'avez fait en vostre maison,
« que pour les grants signes d'amour que
« m'avez montrés, dont je me sens vostre
« perpétuel tenu et obligé, et si je puis me
« trouver en lieu pour en recognoistre le
« tout ou partie, je vous assure que je y em-
« ploiray corps et biens. Je suis contraint
« de m'esloigner de vous pour quelque
« mauvaise nouvelle que à ce matin m'a
« esté apportée de monsieur mon père
« fort malade et en danger de mort; il est
« mon père, je lui doy obéissance et
« amour naturelle; et si je n'allois vers lui
« pour le visiter et consoler, et qu'il mou-
« rust sans le voir, ce me seroit un perpé-
« tuel reproche et ennuy mortel qui tous-
« jours présenteroit regret et tristesse à
« mon cœur. Et pour ce, je vous dy adieu,
« Madame, jusques à mon retour, du

« temps duquel je ne suis assuré. » Jà
commençoit le cœur du jeune seigneur à
se descharger de la furieuse amour qu'il
avoit eue à cette dame, à la considération
des bons tours et offices que lui avoit faits
le chevalier son espoux.

« Au dire adieu le jeune seigneur présenta à la dame un gracieux baiser, qui
courtoisement l'accepta. Toutesfois cette
nouvelle, ainsi soudain venue, la contrista
par un amoureux regret, et se trouva quelque peu de temps hors de soy, sans pouvoir dire mot pour la response. Les larmes qui tost après sortirent de ses yeux
lui ouvrirent le cœur; et commença à
parler en cette sorte : « Je ne vouldrois,
« Monsieur, à vostre dommage retarder
« vostre départ, car je vous aime de sorte
« que le plaisir donne lieu à l'honneur et
« proffit de vostre personne. Toutesfois si
« tousjours pouvois estre en vostre com-
« pagnie, sans le maulvais parler des gens,
« je m'estimerois la plus heureuse femme
« de la terre qui se pust faire, parceque
« j'ai ma foy donnée à un aultre, et je

« pense bien que brief serez tenu à quel-
« que dame de laquelle je vouldrois bien
« estre la simple damoyselle. Vous sçavez,
« Monsieur, les secrettes choses de nos
« affections qui, à Dieu grâces, n'ont sorti
« effet, mais sont demeurées entre les
« mains de honneste vouloir. Je vous prie
« que, en cette sorte, il vous plaise n'ou-
« blier l'amour de celle qui vous tiendra
« tousjours escript en sa mémoire par
« saincte et charitable amitié. »

« Avec tels ou semblables propos, ce
jeune seigneur laissa la dame en sa chambre, mais non sans jetter quelques larmes
de ses yeux; car bien qu'il fust hors de
tout maulvais vouloir, toutesfois estoit
encores la racine de charnelle amour en
son cœur, laquelle fut desracinée au
moyen de la corporelle separation, qui est
l'un des grants remedes d'amours qu'on
pourroit trouver. Et, après avoir disné
tous ensemble, et un aultre general congé
pris de la dame, partit pour faire son
voyage, non sans la compaignie du chevalier qui le conduisit jusques à la cou-

chée; et en chevauchant deviserent de plusieurs choses, dont le chevalier fut très-joyeux, et s'en retourna à sa maison très-content. Son espouse fut longtemps toute honteuse dont tant elle avoit troublé son esprit, et ne passoit un jour, que, en considérant le danger où elle s'estoit mise, ne jettast quelques larmes de desplaisir, qui la rendit si très-sage et bonne qu'elle passoit toutes les aultres, et pour une vertu qu'elle avoit eue auparavant, en recouvra deux, sçavoir est, chasteté et humilité. »

Peu d'années suffirent pour élever Louis de La Trémouille au rang des habiles capitaines, et pour le rendre digne de se mesurer sur le champ de bataille avec le premier prince du sang. Vainement Anne de Beaujeu avait essayé, par des grâces et des honneurs, de désarmer la jalouse ambition du duc d'Orléans. Ce prince, qui s'était flatté de devenir lui-même l'arbitre du pouvoir, ne pardonnait pas à Madame la domination que les Etats généraux lui avaient déférée. Ce fut en Bretagne qu'il porta son mécontentement.

Il y trouva le germe de l'incendie dont bientôt il embrasa le royaume.

Le dernier duc de Bretagne, François II, vieillissait sans gloire sur un trône que les piéges et les armes de Louis XI lui auraient enlevé, si ce duc, faible, inappliqué, voluptueux, n'avait eu pour appui le roi d'Angleterre, le duc de Bourgogne et tous les factieux qui, sous le règne précédent, s'étaient obstinés à troubler la tranquillité de la France. La haine de François avait survécu à Louis XI, et dans la crainte que l'héritage de la Bretagne n'échappât aux mains de deux filles à peine sorties du berceau, le duc ne croyait pouvoir assurer le salut de ses États qu'en attaquant ceux de Charles VIII.

Un ministre sans vertus, mais non sans talents, sorti de la plus obscure condition, devenu l'intendant des plaisirs du souverain dont il excitait et servait les passions, Pierre Landais, gouvernait la Bretagne avec autant de dureté que de hauteur. En butte à la haine de tous les hommes puissants du pays, pressentant que la mort de son vieux maître pourrait être le terme de sa propre grandeur et même de sa vie, il cherchait au dehors des soutiens capables de garantir sa future destinée. Il jeta les yeux sur le duc d'Orléans.

S'il est vrai, comme on l'a prétendu, que, pour mieux tenter l'ambition du prince, Landais ait fait briller à ses yeux l'espoir d'épouser la fille aînée, l'héritière du duc de Bretagne, n'est-on pas en droit de se défier de la raison ou de la bonne foi du ministre? Anne était pour lors âgée de huit ans. Quand même la nature lui eût prodigué tous les dons extérieurs et l'eût douée d'une intelligence précoce, ces avantages pouvaient-ils se trouver assez développés, à cet âge, pour faire naître un sentiment passionné dans le cœur de Louis? La main de cette princesse, encore enfant, n'était-elle pas déjà promise au roi des Romains, l'archiduc Maximilien? Ignorait-on que le duc d'Orléans, parvenu à peine à sa vingt-troisième année, était depuis huit ans l'époux de la seconde fille de Louis XI? Quelque dégoût qu'il éprouvât pour l'union qui lui avait été tyranniquement imposée, ne prévoyait-on pas tous les obstacles que le roi de France mettrait à la rupture des nœuds de sa sœur? Ne préjugeons point ici l'événement qui se réalisa quatorze ans plus tard, et n'attribuons qu'à des intrigues politiques le voyage de Louis d'Orléans en Bretagne et la confédération coupable qui en fut la suite.

Mais ce voyage inquiétait vivement Madame : elle n'oubliait pas que de tout temps la cour du souverain de ce pays avait été l'asile des factieux du royaume et le foyer des guerres intestines qui avaient déchiré l'Etat sous le règne de Louis XI. Pour déconcerter les projets du premier prince du sang, Anne de Beaujeu hâta le sacre de Charles VIII. C'était le plus sûr moyen de presser le retour du duc d'Orléans. Il revint en effet, parut à Reims en grand cortége, et remplit au sacre les fonctions de premier pair de France.

Madame se félicitait de tenir en son pouvoir le rival dont elle avait toujours lieu de se défier, et, par une circonstance qu'elle n'avait point prévue, son rival fut sur le point de lui enlever le roi. Des fêtes guerrières, empruntées aux temps de la chevalerie, avaient célébré la solennité du sacre, joutes, tournois, exercices militaires. Dans ces jeux, qui avaient pour acteurs les grands du royaume, pour spectateurs un peuple entier, pour juges le concours des plus belles dames, ce fut le duc d'Orléans qui emporta sur tous les chevaliers le prix de l'adresse, de la force et du courage. Charles VIII, naturellement passionné pour la gloire des armes, ne put voir sans admiration la supériorité de son cousin, dont le triomphe était rehaussé par l'enjouement, la vivacité, les charmes de la conversation. Est-il étonnant que tant de qualités brillantes fissent une impression profonde sur l'âme du jeune monarque?

Déjà, l'esprit rempli de grands desseins, il murmurait d'être nul et aspirait à se soustraire à l'autorité de sa sœur. « Mon

« oncle, dit-il un jour à Dunois, emme-
« nez-moi d'ici : il me tarde de me trou-
« ver hors de cette compagnie. » Le duc
d'Orléans résolut de profiter de la confiance et de la simplicité de Charles VIII.
De ce moment, un complot se trame avec
trois chambellans, Pot, Maillet et Gouffier,
chéris de leur maître. Madame est avertie
du danger de perdre à jamais son pupille ;
furieuse, elle accourt dans la chambre du
roi, mande les trois chambellans, les chasse
de la cour. Cette scène révèle le caractère
de la fille de Louis XI, caractère haut,
fier et quelquefois emporté. Craignant
d'être enlevée de Vincennes avec le roi,
elle quitte un lieu si voisin de Paris dont
le duc d'Orléans était gouverneur, et conduit son frère à Montargis. Aussitôt le duc
publie partout que le roi est prisonnier
de sa sœur, et il se prépare à recourir à la
force des armes pour le délivrer de sa
captivité.

C'est ici que Madame va montrer dans
sa conduite un chef-d'œuvre d'énergie et
de ruse, d'activité et de prudence. Afin

de prévenir l'embrasement dont l'État est menacé, elle allume chez ses ennemis des incendies aussi prompts que terribles. Les seigneurs bretons étaient indignés de l'appui que le duc d'Orléans avait prêté au ministre Landais, objet de leur exécration. Madame profite de ce ressentiment et conclut avec eux, à Montargis, le 22 octobre 1484, un traité par lequel il est convenu que Charles VIII succédera au duc de Bretagne, à l'exclusion de ses deux filles, en maintenant et confirmant tous les priviléges de la province. Elle traite, vers le même temps, avec les sujets révoltés de Maximilien, l'autre allié du duc d'Orléans, et il est stipulé que seront admis à jouir des avantages de la dernière paix seulement les Flamands qui, unis aux habitants de Gand, se seront déclarés contre le roi des Romains.

« Ces deux traités, remarque judicieusement M. Petitot (Tableau du règne de Charles VIII), offrent une singularité qui n'est pas sans exemple dans l'histoire. On voit, d'un côté, le duc d'Orléans, chef de ceux qui s'efforcent de changer en France l'ordre régulier du gouvernement, ligué avec des princes dont il veut défendre les justes droits; et, de l'autre, Madame, exerçant au nom de Charles VIII l'autorité légitime, s'unir au dehors avec des rebelles qui ne tendent à rien moins qu'à renverser leurs souverains : contraste qui, dans tous les temps, ne peut avoir que les résultats les plus dangereux. »

Cependant, avant de lever l'étendard de la révolte, le duc d'Orléans essayait toutes les voies de la séduction pour s'emparer de Paris. Cette ville était le siége de son gouvernement : il y tenait une maison splendide. On voyait ce prince, le plus affable de son siècle, se donner tous les jours en spectacle au peuple, prendre part aux jeux, aux exercices, aux repas de la bourgeoisie, suivi sans cesse par une multitude qui lui prodiguait les applaudissements. Enhardi par ces témoignages de la faveur publique, Louis se rend au Parlement, le 17 janvier 1485 , en grande pompe, accompagné de son chancelier

Denis Lemercier et du comte de Dunois.
Après avoir pris place, il donne l'ordre à
son chancelier de développer ses griefs.
Alors Lemercier reproche à Madame la
dissipation des finances, les abus d'autorité les plus criants, la captivité du roi, et
le projet de faire assassiner le premier
prince du sang, son beau-frère. Il demande pour ce dernier l'administration
de l'État et la tutelle du roi. Ce discours
fut accueilli froidement : le Parlement
démêlait sans peine les secrètes pensées du
duc d'Orléans et de son parti. Le premier
président était ce même Jean de la Vaquerie qu'on avait vu résister courageuse-
ment aux volontés tyranniques de Louis XI :
il recueillit les voix, et presque tous les
avis se réunirent pour rejeter les propo-
sitions du duc d'Orléans.

« Le bien du royaume, dit le premier
« président, consiste dans la paix entre le
« roy et son peuple, laquelle ne peut
« exister sans l'union de la grande famille
« dont les princes du sang sont les chefs.
« Ainsi la Cour refuse de faire une ré-

« ponse au discours séditieux qui vient
« de lui être adressé ; elle se borne à dire
« à Monseigneur d'Orléans, par forme
« d'exhortation, qu'il est trop éclairé pour
« ajouter foi aux faux rapports qui ont
« pu lui être transmis par des ambitieux ;
« qu'il auroit dû faire de sérieuses ré-
« flexions avant de se décider à une dé-
« marche au moins dangereuse, si elle
« n'est pas imprudente, et que son pre-
« mier devoir est de maintenir la maison
« royale sans division. Quant à la Cour,
« elle déclare qu'elle est instituée par le
« roy, pour rendre la justice, et non
« pour se mêler de guerre, de finances
« et des intérêts des princes. Messieurs
« du Parlement sont gens clercs et
« lettrés, dont les fonctions se bornent
« a interpréter les lois et à enregistrer
« les édits ; quand il plaira au roy de
« les requérir de leurs devoirs, ils s'em-
« presseront de luy obéir. Ils pensent donc
« qu'il est contre la règle de venir leur
« présenter des plans d'administration et
« de gouvernement, sans le bon plaisir et

« exprès consentement du monarque. »

Lemercier et le comte de Dunois insistèrent vainement pour développer les motifs de la démarche du duc d'Orléans. La Vaquerie refusa de les entendre. Le surlendemain, 19 janvier, le Parlement, les Chambres assemblées, décida qu'il serait fait un rapport au roi sur ce qui venait de se passer. Les députés chargés de porter ce rapport à Montargis furent le premier président, les conseillers Guillaume de Cambray, Jean Simon, Raoul Pichon, Jean Pellien et l'avocat du roi, Robert Thibout[1].

Cet échec ne découragea point le duc d'Orléans ; il fit les mêmes tentatives auprès du corps municipal et de l'Université, pour les engager à se joindre à lui. L'Université comptait dans son sein vingt mille étudiants en état de porter les armes. Une horrible guerre civile eût pu éclater, si les chefs de l'Université, de même que le corps municipal, n'eussent point imité la sagesse du Parlement.

[1] Registres du Parlement de Paris, lundi 17 janvier et mercredi 19, 1485.

Pendant que le duc d'Orléans essuyait la honte de tant de refus, Madame se crut en position de ne plus garder aucune mesure avec lui. Elle entreprit de le faire arrêter au sein même de la capitale. Déjà un parti de soldats déterminés avait, sous divers déguisements, gagné les portes de Paris. Elle le suivait de près avec une troupe de cavalerie. Tout semblait assurer le succès d'un coup si hardi. Le duc d'Orléans jouait tranquillement à la paume, dans un lieu public, au milieu des halles. Deux de ses gentilshommes aperçoivent les émissaires de Madame dans le faubourg Saint-Marceau ; ils accourent, effrayés, respirant à peine ; ils prennent le prince, le jettent sur une mule et l'obligent de fuir à toute bride, avec un petit nombre d'amis. Le duc ne cessa de courir que lorsqu'il eut gagné Verneuil, ville qui appartenait au duc d'Alençon, l'un de ses plus zélés partisans.

Madame conduisit le roi à Paris, y fut reçue, le 5 février, avec acclamation, et se rendit au Parlement pour remercier les magistrats de leur noble fidélité. Elle déclara qu'elle ôtait au duc d'Orléans le gouvernement de l'Île-de-France, et qu'elle le donnait au comte de Dammartin, ancien serviteur de Louis XI. Elle dépouilla en même temps du gouvernement du Dauphiné le comte de Dunois, dont le successeur fut le comte de Bresse, prince de Savoie, beau-frère du sire de Beaujeu.

Cette princesse, connaissant tout le prix d'un instant perdu, courut en diligence à Évreux, avec le roi, et fit investir Verneuil où le duc d'Orléans attendait, pour entrer en campagne, les secours que le ministre Landais lui avait promis. Afin de priver son ennemi de cette unique ressource, Madame s'avisa d'un stratagème qui rappelle trop la politique astucieuse de son père : une lettre, où l'écriture du prince était parfaitement imitée, fut remise au duc de Bretagne ; son allié le priait de ne point envoyer de troupes. La ruse réussit. Le duc d'Orléans, étroitement bloqué dans Verneuil, fut contraint de négocier et de souscrire à des conditions désavantageuses. Madame eut beaucoup de peine à lui permettre de reparaître à la cour. Louis alla trouver à Évreux le jeune roi qui, en présence de sa sœur, n'osa témoigner à son cousin l'inclination qu'il se sentait pour lui.

La hauteur impérieuse de Madame, que la douceur et la sagesse de Beaujeu ne modéraient pas toujours, aigrit et indisposa beaucoup de seigneurs. Celui d'entre eux que sa dignité et la fierté de son caractère rendaient le plus redoutable fut le connétable de Bourbon. Il se plaignait de n'être consulté sur rien, pas même sur les opérations militaires. Le duc d'Orléans profita des chagrins de ce vieillard pour s'insinuer dans son esprit, et, en rappelant avec adresse ses exploits et son expérience, le disposa sans peine au dessein de renverser la fortune de sa belle-sœur, dût-on pour cela rallumer la guerre civile. Mais la princesse était trop attentive et trop habile pour négliger les moyens de regagner le frère de son époux. Le connétable prit avec elle de nouveaux

engagements, et, pour en prouver la sin-
cérité, il éloigna de lui le seigneur de
Culant et Philippe de Comines, qu'il accusa tous deux de l'avoir trompé par de
faux rapports. Le dernier, mécontent
d'être déchu de la faveur dont il avait
joui sous Louis XI, s'était lié avec les rebelles. Il fut fait prisonnier. On regrette
de voir un écrivain à qui ses Mémoires
ont mérité une si brillante réputation
devenir parjure pour la seconde fois; car
c'était par l'effet d'une première défection
qu'il était passé du service de Charles, duc
de Bourgogne, au service et à la confiance
du monarque français.

Cependant le duc de Bretagne, de concert avec le premier prince du sang, avait
conclu à Bruges un traité par lequel François II et Maximilien, roi des Romains,
se liguaient contre Madame, et s'enga-
geaient à ne point poser les armes qu'ils
ne l'eussent forcée de se retirer des affaires.
Croirait-on qu'elle ne connut ce traité
que par une démarche singulière de Maximilien? Cet archiduc ne craignit pas d'a-

dresser au corps municipal de Paris une lettre par laquelle, en qualité de futur beau-père du roi, il menaçait de déclarer la guerre, si l'on ne dépouillait pas sur-le-champ Madame de son autorité, et si l'on ne convoquait pas les États généraux pour la réforme du gouvernement. Il est aisé de concevoir l'effet que produisit sur des Français un tel ordre, dicté par un prince étranger. Le Conseil répondit au héraut de Maximilien que jamais les Allemands n'avaient subjugué la France, tandis qu'ils devaient se souvenir que Charlemagne, empereur d'Occident, avait autrefois soumis l'Allemagne. Maximilien comptait sur une guerre civile : déçu dans ses espérances, et manquant d'argent, il fut contraint de licencier son armée.

On apprit bientôt à Paris que le duc de Bretagne était dangereusement malade. Aussitôt Madame se rend à Tours avec le roi, afin d'être plus à portée de réclamer les droits que Louis XI avait fait valoir sur ce duché. A cette nouvelle, le comte de Dunois, relégué en Dauphiné, quitta secrète-

ment le lieu de son exil, dans le dessein de
soutenir les droits de la princesse Anne, fille
aînée du duc de Bretagne. De son côté, le
duc d'Orléans, confiné dans Blois, n'attendait que le moment d'éclater. Mandé à Paris, il refuse de s'y rendre, et confirme ainsi
les soupçons qu'inspirait sa conduite mys-
térieuse. Bientôt il s'échappe de Blois
furtivement, et passe en Bretagne. Sa présence y ranime la confiance des ennemis
de Madame. Le ministre Landais, dont les
intrigues et l'insolence avaient réuni contre lui tous les partis prêts à en venir
aux mains, avait été, deux ans auparavant, arrêté, jugé, condamné et pendu,
malgré les supplications et les menaces de
son faible maître. Lescun et le prince d'O-
range, placés auprès de François II, après
la mort de Landais, voulaient que la succession du duché fût assurée à la princesse
Anne, et se montraient décidés à servir
les projets ambitieux du premier prince
du sang. Des lettres de Lescun à Réné,
duc de Lorraine, et à Maximilien, promettant le soulèvement de la Guyenne, furent

interceptées. Soudain Madame emmène le
roi dans cette province, espérant que
leur présence suffira pour maintenir ceux
qui seraient tentés de s'écarter de leur devoir. L'arrivée inattendue de Charles VIII
produisit tout l'effet qu'on avait prévu.

Plus le jeune monarque avançait en
âge, plus il sentait l'impatience d'être en
tutelle ; aussi toutes les précautions étaient
prises pour le retenir dans la dépendance. « Audit voyage, dit Saligny, estoit
« toujours avec le roy Madame de Beau-
« jeu, sans aucunement l'abandonner, et
« avoit toujours le soin et la garde de sa
« personne ; et ne se faisoit aulcune chose
« que ce ne fust de son sceu, vouloir et
« consentement. »

La Guyenne contenue dans la soumission, Madame tourna toute sa vigilance
du côté de la Bretagne. L'armée destinée
à cette guerre parut être sous les ordres
du connétable de Bourbon ; mais son
grand âge pouvant refroidir en lui l'activité nécessaire, c'était réellement Louis de
la Trémouille qui commandait. Ce jeune

guerrier pénétra dans le cœur de la Bretagne, et s'empara de la ville de Vannes que le duc d'Orléans tenta vainement de défendre. François II s'était renfermé dans Nantes avec sa famille. Madame ordonna que l'on fît le siége de cette place où s'était jeté le premier prince du sang, résolu de s'y maintenir jusqu'à la dernière extrémité.

Nous avons vu Madame ne chercher dans ses travaux que le salut et la gloire de l'État. Sa conduite en faisait une héroïne; mais telle est la faiblesse du cœur humain, que cette femme, jusque-là si magnanime, rentre dans la classe des âmes vulgaires, en demandant au roi pour récompense le comté de Nantes. Combien elle dut être humiliée de se trouver réduite à lever le siége d'une ville que déjà elle croyait en son pouvoir!

Cependant la Bretagne était alors le pays le plus infortuné de l'Europe : amis, ennemis, tout concourait à la destruction de cette province. Les Bretons s'en prirent au duc d'Orléans : « Il avait, disaient-ils, apporté chez eux la discorde et le malheur qu'il traînait partout à sa suite.» Telle fut, à Nantes, l'irritation des esprits, que ce prince faillit de périr dans une sédition. Las d'être en butte à tant de contrariétés et de périls, il manifesta le dessein de retourner en France, pourvu qu'il y fût avec honneur et en toute sûreté. Mais ni lui ni les Français, compagnons de sa triste fortune, n'aspiraient, malgré les apparences, à une réconciliation qui les ferait rentrer sous la domination de Madame. Cette princesse elle-même était bien éloignée de vouloir terminer une guerre dont elle espérait que la Bretagne serait le fruit.

Avant que d'en poursuivre la conquête, Anne de Beaujeu crut devoir appuyer les armes royales de toute la sévérité des lois. Les ducs d'Orléans et de Bretagne avaient été jusqu'alors traités plutôt en ennemis qu'en rebelles. Faire condamner légalement deux princes du sang, dont le premier était héritier présomptif de la couronne, et l'autre regardé comme souverain par toute l'Europe, c'était, aux yeux de Madame, un nouveau moyen de cimenter son pouvoir. Le Parlement reçut l'ordre d'instruire leur procès.

Charles VIII y vint tenir un lit de justice avec toute la pompe du rang suprême. Il était accompagné des princes, des pairs, des grands officiers de l'État et des ambassadeurs étrangers; deux nonces du pape, fort déplacés d'ailleurs dans une cause criminelle, siégeaient sur le même banc que les princes du sang. La séance fut ouverte par un discours de l'avocat général Jean Lemaître. Avec autant d'énergie que de véhémence, il développa les attentats dont le duc d'Orléans s'était rendu coupable; il lui reprocha ses traités avec les ennemis de l'État, ses révoltes réitérées, sa rébellion toujours subsistante. Il accusa le duc de Bretagne d'avoir allumé le feu de toutes les guerres intestines qui avaient embrasé le royaume, et conclut à la condamnation de ces deux princes. Madame arrêta la foudre suspendue sur leur tête, et le Parlement, en vertu d'ordres secrets, leur accorda un sursis ; mais il déclara le prince d'Orange, le comte de Dunois et les autres Français réfugiés en Bretagne , criminels de lèse-majesté , et confisqua leurs biens.

Le connétable Jean de Bourbon n'assista pas à ce lit de justice, tenu en 1488. En proie à de violentes attaques de goutte, il succomba, le 1er avril de cette même année, à des souffrances auxquelles, dit-on, n'étaient pas étrangères la jeunesse et la beauté de Jeanne de Bourbon-Vendôme, sa cousine, qu'il avait épousée en troisièmes noces. Il mourut âgé d'environ soixante-deux ans, ne laissant point de postérité. La substitution des biens immenses de cette puissante maison s'ouvrait naturellement au profit du cardinal de Bourbon, devenu l'aîné de la famille; mais, en digne fille de Louis XI, Madame se mit en possession des places fortes et de tous les domaines, et consentit à négocier avec le cardinal qui, accablé d'infirmités et menacé d'une mort prochaine, aima mieux transiger que de lutter contre une belle-sœur, maîtresse de toutes les forces du royaume. Il céda au comte de Beaujeu, son frère, les duchés de Bourbonnais et d'Auvergne, le comté de Forez, la principauté de Dombes , ne se réservant que la seigneurie de Beaujolais et vingt mille livres de pension; il n'en jouit pas plus de six mois. Ainsi, Pierre II, sire de Beaujeu, administrateur et lieutenant général de la couronne, fut reconnu désormais comme duc de Bourbon. La veuve du connétable eût été reine de France, si le trône eût été le prix de la beauté et même de l'amour. Charles VIII, épris de ses charmes, lui promit de l'épouser : le mariage devait être célébré à Moulins. Madame rompit ce projet; elle avait des vues plus utiles à l'État.

Par la condamnation prononcée au Parlement contre le duc d'Orléans et le duc de Bretagne, cette princesse avait acquis le droit de les poursuivre comme des criminels, de les dépouiller de leurs biens et de réunir la Bretagne à la couronne. Mais elle avait, d'un côté, à contenir ou tromper les puissances voisines, très-inquiètes du sort de ce duché; et, de l'autre, à réduire par la force des armes le premier prince du sang. Les intrigues qu'elle avait ourdies dans les Pays-Bas mirent Maximilien hors d'état de donner aucun secours au duc de Bretagne. Elle vint à bout de tromper le défiant et politique Henri VII, roi d'Angleterre, en offrant de le prendre pour arbitre de cette grande et terrible querelle. Ayant donc peu à redouter de la part des ennemis du dehors, elle se vit en mesure d'accabler ceux du dedans. La charge de connétable était vacante : on ne la donna point. Louis de La Trémouille resta seul investi du commandement de l'armée. Ce jeune guerrier obtint des succès rapides. Le duc d'Orléans, réduit au désespoir, résolut, quoique inférieur en force, de livrer bataille aux troupes royales.

Voici la relation de cette bataille, dite de Saint-Aubin-du-Cormier, telle que la rapporte Jean Bouchet, dans son *Panégyric du Chevalier sans reproche*, chapitre XVI.

« Le duc d'Orléans et autres seigneurs

de son alliance et faction allèrent assembler leurs gens d'armes à Rennes, pour aller lever le siége du roy, que le seigneur de La Trimoille, son lieutenant général, tenoit devant Fougères; leurs compaignies assemblées en une armée (qui estoit de quatre cents lances, huyt mille hommes de pié, huyt cents Allemands et troys cents Anglois, avec une bonne quantité de artillerie), le duc d'Orléans, le seigneur d'Albret, le maréchal de Rieux, le prince d'Orange, le seigneur de Comynges, le seigneur de Chasteaubriant, le comte d'Escalles, Anglois, le seigneur de Léon, filz aisné du seigneur de Rohan et plusieurs aultres seigneurs et barons de Bretaigne, avec ladicte armée allerent loger à ung village appellé Andoille, le mercredy 23 juillet 1488. Cependant le seigneur de La Trimoille prit la ville de Fougères par composition, dont le samedy ensuivant vindrent nouvelles aux ennemys, qui encores estoient audict village d'Andoille, et que les Bretons, qui s'estoient tenuz à Fougères, s'estoient retirez leurs bagues sauves; ce nonobstant marcherent contre les Françoys pour aller assiéger la place de Sainct-Aulbin (du Cormier) qui estoit en leur main, et arriverent au village d'O-renge, qui est à deux lieues dudict Sainct-Aulbin, ledict jour de samedy vers le soir, où furent advertiz qu'ilz rencontre-roient les Françoys deliberez de les com-battre. Le lendemain ilz mirent leur bataille en ordre; l'avant-garde fut baillée au mareschal de Rieux, la bataille au sei-gneur d'Albret, et l'arrière-garde au sei-gneur de Chasteaubriant. Sur une de leurs ailes fut ordonné le charroy de leur artil-lerie et de leur bagage; et jaçoit ce qu'il (quoiqu'il) n'y eust que trois cents An-gloys que conduisoit le comte de Talbot, pour faire entendre qu'il en y avoit plus largement, luy furent baillez dix-sept cents Bretons vestus de hoquetons à croix rou-ges; et parce que les gens de pié du duc de Bretaigne se doubtoient (se defioient) de gens à cheval françoys estants en l'ar-mée des Bretons et mesmement dudict duc d'Orléans, luy et le prince d'Orange se mirent à pié avec les Allemands.

« Le seigneur de La Trimoille, lieutenant général de l'armée françoyse (qui
venoit de Fougères au devant de ses ennemys), envoya messire Gabriel de Mont-
faulcoys et dix ou douze aultres hardiz
hommes françoys, veoir la contenance
des adversaires, lesquelz feirent rapport
de leur bon ordre. A ceste cause, le seigneur de La Trimoille fit aussi ranger en
bataille toute son armée, lors estant en
desordre. Messire Adrian de L'Ospital menoit l'avant-garde, et ledict seigneur de
La Trimoille, chief (chef) de l'armée, qui
lors estoit en l'âge de vingt-sept ou vingt-
huyt ans, menoit la bataille. Et, comme
ces deux armées se approchoient, le seigneur de La Trimoille fit arrester les
Françoys et leur dit ce :

« Je suis asseuré, Messieurs et frères
« d'armes, que tant desirez vostre sang
« n'estre macullé de honte, et le cler nom
« Françoys de infamie, que (par vous bien
« entendu quelles gens nous voulons com-
« battre, pour quelle cause ceste armée

« est assemblée, et la fin de nostre entre-
« prinse) les cueurs vous croistront ; la
« force vous redoublera et hardiesse vous
« conduira jusques au loyer de victoire.
« Vous ne ignorez ceste factionneuse guer-
« re avoir esté oultre le vouloyr du roy
« nostre seigneur naturel, et, à son grand
« regret, droissée pour la liberté de son
« royaulme, défense de son sceptre et con-
« servacion de sa couronne; et que noz
« adversaires, par ung discord civil et
« guerre intestine, se sont assemblez pour
« monopoller le royaulme, pervertir jus-
« tice, piller le peuple, et abastardir no-
« blesse. Et, jaçoit ce qu'ilz (quoiqu'ils)
« soyent du sang de France, se sont neant-
« moins alliez et accompaignez de noz
« anciens ennemys, les Angloys, persecu-
« teurs de nos peres, envieux de nos ayses
« et perturbateurs de paix, et aussi des
« Bretons, non moins envieux pour le
« present de la prosperité françoyse. Noz
« adversaires, ou la pluspart, sont subjectz
« et hommes de foy du roy, tiennent de
« luy leurs duchez, comtez, terres et sei-

« gneuries, et néantmoins se sont mis en
« armes contre luy, en l'offensant et toute
« la saincteté de justice, qui demonstre
« assez leur querelle injuste, leur rebellion
« desraisonnable, et leur resistence desna-
« turée, où nous devons prendre espoir
« que Dieu, principal conducteur des ba-
« tailles, donnant victoire à qui luy plaist,
« veu (vu) qu'il est souverainement juste,
« ne permettra que nous soyons vaincus
« si nous voulons mettre la main à l'euvre.
« Et si nous demourons vainqueurs, con-
« siderez, Messieurs, le bien et l'utilité
« que nous aurons faict au roy et à tout
« le royaulme, et l'honneur, gloire, proffit
« et louange que nous tous en aurons; et
« au contrairé, si, par nostre lascheté,
« sommes surmontez, nous verrons la des-
« truction de nostre pays, de noz maisons,
« femmes, enfants et consummacion de
« noz biens, avec perpetuel reproche.
    « Est-il chose, Messieurs, après le lien
« de foy catholique, à quoy Dieu et nature
« nous obligent plus que au commun salut
« de nostre pays et à la deffense de celle

« seigneurie, soubs laquelle avons prins
« estre et nourriture, et en celle terre où
« chascun pretend se perpetuer au temps
« de sa vie? Trop mieulx nous vault mou-
« rir en juste bataille, guerre permise, et
« au service du roy, qui est le lict d'hon-
« neur, que vivre en reproche, persecutez
« de toutes parts de ceulx qui ne quierent
« (cherchent) fors nostre dommaige et
« destruction. Et si nous tous avons ceste
« consideracion avec le support de nostre
« juste querelle, je suis asseuré de nostre
« victoire, je suis certain du gain de la ba-
« taille et de la confusion de noz ennemys,
« qui n'ont par nature cueurs ne courai-
« ges telz que vous. Desployons donc noz
« mains, ouvrons noz cueurs, eslevons noz
« esprits, eschauffons nostre sang, recul-
« lons crainte : l'amour de nostre jeune roy
« tant benin, mansuet, gracieux, et tant
« liberal, nous conduise, et que aulcun ne
« tourne en fuite, sur peine de la hart.
« Mieulx vault mourir en se deffendant,
« que vivre en fuyant; car vie conservée
« par fuite est une vie environnée de mort. »

« Ces remonstrances persuasives para-
chevées, qui fort animerent les Françoys,
l'armée commença à marcher en francis-
que fureur, sans desordre, contre les ennemys, qu'ilz rencontrerent près une
tousche de bois, hors ledict village d'O-
renge. L'artillerie fut tirée d'une part et
d'aultre, qui fort endommagea les deux
armées; l'avant-garde des Françoys donna
sur l'avant-garde des Bretons, qui soustint
assez bien le choc; puis tirerent les Françoys à la bataille des Bretons, où leurs
gens de cheval recullerent, comme aussi
feit (fit) leur arrière-garde, et se prindrent
à fuyr, et après eulx leur arrière-garde.
Quand veirent ce desordre, les Françoys
que conduisoit le seigneur de La Trimoille,
avec lequel estoit messire Jacques Galliot,
hardy et vaillant chevalier, chargerent sur
les adversaires, et occirent tous les gens
de pié qu'ilz trouverent davant eulx, et
entre aultres ceulx qui avoient la croix
rouge, pensant que tous fussent Angloys.
Le duc d'Orléans et le prince d'Orange,
qui estoient entre les gens de pié alle-

mands, furent prins et amenez prisonniers à Sainct-Aulbin ; le mareschal de Rieux se sauva comme il put, tirant à Dynan ; le seigneur de Léon, le seigneur de Pont-l'Abbé, le seigneur de Montfort et plusieurs aultres nobles de Bretaigne y furent occis, et de toutes gens jusques au nombre de six mille hommes ; et de la part des Françoys environ douze cents, et entre aultres ledict messire Jacques Galliot, qui fut gros dommaige, car c'estoit ung chevalier et capitaine aussi prudent en guerre et aussi plein de cueur et hardiesse qu'on eust pu trouver. »

Les circonstances qui précédèrent, accompagnèrent et suivirent la bataille de Saint-Aubin-du-Cormier sont diversement racontées par les historiens. Tous conviennent que le duc d'Orléans y fit des prodiges de valeur, mais ils varient sur plusieurs faits. Suivant les uns, le prince avait été averti que le comte d'Albret, irrité de la préférence d'Anne de Bretagne pour le premier prince du sang, avait résolu de le tuer dans sa tente. Cette accusation faillit d'avoir les conséquences les plus funestes. D'un autre côté, on avait persuadé au sire d'Albret que le duc d'Orléans venait de faire son traité d'accommodement avec le roi de France, et qu'il avait le projet de passer à l'ennemi. Louis ne trouva d'autre moyen de répondre à cette calomnie que de déclarer qu'il combattrait à pied, et se mettrait ainsi dans l'impossibilité de trahir la confiance du duc de Bretagne. On prétend qu'un corps d'Allemands qui marchait sous le feu de l'artillerie française, ayant fait un mouvement pour se garantir, la ligne de bataille de l'armée bretonne se trouva interrompue. La cavalerie française chargea les escadrons du duc, qui ne soutinrent pas même le premier choc. La ligne fut coupée; le carnage devint général, et le duc d'Orléans, pour n'avoir pas voulu combattre à cheval, se vit entouré d'ennemis et réduit à se rendre. On ajoute que la haine qui animait les deux partis excita la cruauté des vainqueurs à tel point, qu'ils passèrent le reste de la journée à massa-

crer les vaincus, et que le duc lui-même
ne dut la vie qu'à un homme d'armes qui,
l'ayant pris en croupe, l'éloigna de cette
scène meurtrière. Mais cet abus de la victoire peut-il se concilier avec le caractère
de La Trémouille, que l'auteur de ses Mémoires nous peint comme un guerrier
aussi humain que brave? La même raison
permet-elle d'ajouter foi à l'anecdote suivante, rapportée dans une histoire latine
de Louis XII?

« La nuit venue, La Trémouille retint
« à souper le duc d'Orléans, le prince
« d'Orange et les officiers prisonniers. Le
« premier prince du sang eut la place
« d'honneur; le prince d'Orange s'assit à
« côté de lui, et le général se mit en face
« d'eux. Au moment où l'on apportait le
« dessert, deux franciscains furent intro-
« duits dans la salle par ordre de La Tré-
« mouille. La terreur s'empara de tous les
« convives, persuadés que ces moines n'ont
« été appelés qu'afin d'entendre leur con-
« fession. Tous se taisent, plus par crainte
« que par humilité. La Trémouille se lève

« et prend la parole : « Princes, dit-il, je
« n'ai aucun pouvoir sur vous, et, quand
« j'en aurais, je ne voudrais pas en faire
« usage. C'est au roi seul qu'il appartient
« de vous juger. Pour vous, guerriers, qui,
« en donnant lieu à ces hostilités, avez
« trahi vos serments et violé la discipline
« militaire, vous allez payer de votre tête
« ce crime de lèse-majesté; et si vous avez
« quelque remords sur la conscience, ces
« frères sont là pour écouter vos aveux. »
« A ces mots, un cri de désolation éclate;
« les deux princes conjurent le vainqueur
« de sauver des hommes qui ne sont cou-
« pables que pour les avoir servis. Leur
« douleur est plus grande que s'ils étaient
« eux-mêmes condamnés. La Trémouille
« reste inflexible : les officiers sont mis à
« mort, et les princes sont envoyés à Ma-
« dame sous bonne escorte. »

« Les doutes qu'on pourrait, observe
M. Petitot, élever sur la vérité de ce récit
sont fondés sur ce qu'il ne se trouve que
dans l'histoire d'où nous l'avons tiré, et
que l'historien ne nomme pas les officiers

qui périrent en cette occasion : d'un autre côté, les détails dans lesquels il entre, les circonstances qu'il rapporte, le caractère quelquefois très-emporté de Madame, et l'obéissance aveugle que lui avait vouée La Trémouille, peuvent donner quelque vraisemblance à cette tradition, que nous regardons cependant comme fort incertaine. »

Le judicieux écrivain à qui nous empruntons ces réflexions n'aurait-il pas dû ajouter que, dans toute la vie de Louis de La Trémouille, on ne rencontre pas un seul fait analogue à la relation de l'historien latin? Pourquoi donc ne pas repousser formellement une imputation dont la rigueur excessive ne permettrait plus de conserver à La Trémouille le titre glorieux de *Chevalier sans reproche?* Et ce repas, donné par le vainqueur aux prisonniers qu'il destine immédiatement à la mort, ne serait-il pas tout ensemble un raffinement de barbarie et un outrage à l'hospitalité?

La lutte a cessé, mais la persécution

continue. Nous avons vu jusqu'ici l'active, infatigable et habile dépositaire de l'autorité légitime aux prises avec l'audace d'un sujet ambitieux et rebelle : maintenant se montre la femme passionnée, descendant aux combinaisons de la vengeance contre le guerrier valeureux trahi par la fortune. Ainsi ce prince, qui plus tard fera bénir sur le trône la magnanimité de sa clémence, et méritera d'être proclamé *le père du peuple*, va gémir pendant plusieurs années dans une odieuse et inutile captivité !

On conçoit quel fut le triomphe d'Anne de Beaujeu, quand elle vit enfin dans ses fers son ennemi le plus indomptable. Mais il est encore permis de douter qu'en abusant de la victoire, elle eût à venger ses attraits méprisés par le premier prince du sang, comme l'ont avancé des écrivains très-suspects. Il est très-vrai que Louis avait constamment bravé l'autorité de Madame, et c'était un crime irrémissible au gré d'une princesse impérieuse. Elle fit enfermer le prince d'Orange dans le châ-

teau d'Angers. Quant au duc d'Orléans, il
eut d'abord pour prison la tour de Sablé,
dont le gouverneur était dévoué à Madame;
transféré ensuite au château de Lusignan,
il finit par être incarcéré dans la tour de
Bourges, où on ne lui laissa de tous ses
serviteurs qu'un médecin. Chose inouïe !
l'héritier présomptif du trône de France
avait pour asile, pendant la nuit, une cage
de fer !

Les partisans de ce prince étaient dans
le même temps l'objet des mesures les plus
rigoureuses. Le Parlement de Paris déclarait criminel de lèse-majesté le comte
de Dunois, confisquait ses domaines, faisait le procès à Philippe de Comines, le
condamnait à délaisser, au profit du roi,
la quatrième partie de ses biens, et le
reléguait pour dix ans dans une de ses
terres. Madame ne se relâcha de sa sévérité qu'en faveur du prince d'Orange, à
qui la ville de Riom, en Auvergne, fut
donnée pour prison.

Mais l'animosité de la princesse redou-
blait l'intérêt qu'on prenait au duc d'Or-

léans. Le comte d'Angoulême qui, en abandonnant son parti, lui demeurait toujours très-attaché, députa un gentilhomme près de Madame pour solliciter la grâce du prince : « Je la suppliai hum-
« blement, écrivait cet émissaire, d'être
« favorable à la délivrance de Monsei-
« gneur. Elle me fit bonne chère, et me
« dit de très-belles et bonnes paroles
« touchant la matière dont j'étais chargé ;
« mais ce fut tout, car il n'y en eut nul
« effet. »

Si jamais prières avaient droit d'être exaucées, c'étaient celles de la malheureuse épouse du duc d'Orléans. Jeanne de France adressa cette lettre à sa sœur :

« Comme je pense incessamment à la dé-
« livrance de Monseigneur mon mary, je
« me suis avisée de mettre par écrit la
« forme par laquelle on pourroit avoir
« paix, et mondit mary délivré, et récris
« au roy, et le tout verrez. Je vous prie
« que teniez la main que les choses puis-
« sent venir en bon effet, et vous obli-
« gerez mondit mary et moy à vous à tous-

« jours. Et sur ce, je vous dis adieu, ma
« sœur. »

Craignant sans doute que cette sollici-
tation ne soit pas assez pressante, la duchesse d'Orléans ajoute en *post-scriptum* :

« Ma sœur, je vous prie que teniez la
« main que j'aye en bref réponse. Votre
« bonne sœur, JEANNE DE FRANCE. »

Dans une autre lettre, cette princesse
craint d'insister sur ce qu'elle désire si
ardemment, et se borne à donner à Madame des témoignages de tendresse : « Ma
« bonne sœur, lui dit-elle, je me recom-
« mande bien fort à votre bonne souve-
« nance, en laquelle je vous prie que je
« demeure ; et me faites ce plaisir de
« souvent me faire sçavoir de vos nou-
« velles. Il m'est bien arrivé en mal de ce
« que je ne vous vois plus. » Elle lui
parle ensuite, à mots couverts, des torts
de son époux, les excuse, et la supplie de
s'intéresser à lui. — Et l'inflexibilité
d'Anne de Beaujeu ne fut pas désarmée.

La victoire de Saint-Aubin avait ruiné
les affaires du malheureux duc de Bre-

tagne. Son armée n'existait plus. Les secours qu'il attendait d'Angleterre arrivèrent trop tard. Consterné, découragé,
sans argent, sans ressources, réduit à
mettre ses pierreries en gage, il écrivit à
Charles VIII en se qualifiant de son sujet,
et sollicita humblement la paix. Loin
d'être attendrie par cette démarche suppliante, Madame, ne considérant que
l'occasion de réunir la Bretagne à la couronne, pensa qu'il fallait agir et non délibérer. Une campagne de quelques mois
suffirait pour achever la conquête de ce
duché, au lieu qu'elle deviendrait impossible si on laissait respirer les Bretons;
cette nation belliqueuse et opiniâtre re-
prendrait ses forces, formerait de nouvelles alliances, ouvrirait ses ports aux
ennemis de la France, et ferait évanouir
les droits que le roi avait achetés de la
maison de Penthièvre, et que légitimait
encore l'appui donné par le duc à la révolte des princes.

Déjà le Conseil, entraîné par l'autorité
de Madame, ne parlait que de la gloire et

des avantages d'une expédition aussi brillante que facile. Une seule voix s'éleva
contre cet avis; ce fut celle du chancelier
Guy de Rochefort, homme intègre, défen-
seur intrépide et digne organe des lois.

« On s'est attaché, dit-il, à prouver que
« la conquête de la Bretagne était facile et
« profitable; personne ne s'est avisé d'exa-
« miner si elle était juste. La guerre a pu
« l'être; mais elle changerait de caractère
« si on la poussait aux dernières extrémi-
« tés, si le roi, après avoir dispersé ses en-
« nemis et puni son vassal, ne continuait
« plus les hostilités que pour le dépouil-
« ler. Je n'examine point si le duc, en
« donnant asile aux princes, n'a pas cédé
« à un mouvement de générosité autant
« qu'à un sentiment d'inimitié contre la
« France; je n'examine point si nous ne
« lui avons pas donné nous-mêmes un su-
« jet de plainte, en favorisant la révolte
« des seigneurs bretons retirés à Ancenis ;
« s'il n'a pas dû craindre notre ambition,
« lorsqu'il nous a vus acheter les droits du
« comte de Penthièvre, et disposer de sa

« propre succession par le traité de Mon-
« targis. Je veux que ces sujets d'alarmes
« ne l'autorisassent point à chercher des
« alliés contre son suzerain ; mais le duc
« est réduit à implorer la clémence du roi ;
« si l'on continue la guerre, ce n'est plus
« lui qu'on veut punir : eh ! quels sont les
« torts de ses filles et de ses peuples ? C'est
« une entreprise peu digne du roi très-
« chrétien que d'envahir un héritage, et
« l'héritage d'une enfant qui a l'honneur
« d'être sa parente. Il faut donc, avant tout,
« examiner avec cette impartialité digne du
« noble cœur du roi, si ses prétentions sur
« la Bretagne sont légitimes. Les ambassa-
« deurs bretons ont proposé de soumettre
« cette question à des arbitres : on ne
« pourrait s'y refuser sans avouer qu'on
« ne reconnaît d'autre droit que la force.
« Non-seulement il est juste de nommer
« des commissaires pour entendre les rai-
« sons des deux parties ; mais il est néces-
« saire de leur laisser une entière liberté
« de prononcer contre le roi lui-même, si
« leur conscience leur en fait un devoir.

« Une fois assuré de son droit, il sera temps,
« pour le roi, de réclamer les armes à la
« main : les Bretons eux-mêmes s'y sou-
« mettront avec plus de facilité. Si, au
« contraire, l'acquisition est injuste, il faut
« y renoncer : la gloire du roi l'exige, et
« l'Europe admirera bien autrement sa
« droiture et sa modération, qu'elle n'au-
« rait admiré cette conquête qu'on dit si
« facile. »

Rendons cette justice aux membres du Conseil de Charles VIII : à peine le chancelier eut fait briller à leurs yeux le flambeau de la vérité, l'illusion s'évanouit; les grands et immuables principes dont l'âme de ce vertueux magistrat était pénétrée se ranimèrent dans tous les cœurs; la modération prévalut sur l'orgueil et l'intérêt. Charles VIII justifia la noble confiance de son chancelier. « Je puis, dit le roi aux
« ambassadeurs bretons, user du droit que
« Dieu m'a donné sur mes sujets et les
« punir; mais je veux que tous les princes
« de la terre apprennent que les rois très-
« chrétiens se contentent de vaincre leurs

« ennemis. Je remets à Dieu la vengeance
« de la rébellion du duc de Bretagne, vas-
« sal de ma couronne, et je consens à lui
« faire grâce. »

Un triomphe injuste eût été moins utile
à l'État que ne le fut la grandeur d'âme
du monarque. Les Bretons n'oublièrent
jamais que Charles VIII, maître de conquérir leur patrie, s'était arrêté dans le sein
de la victoire, et avait écouté la voix de la
justice plutôt que celle de l'intérêt et de
l'ambition.

Mais si Madame fut obligée de céder au
vœu général, elle prit sa revanche en dic-
tant, dans le traité de paix, la loi au duc
de Bretagne, en le réduisant à se reconnaître sujet du roi, à renvoyer de ses États
les troupes étrangères, à n'en jamais appeler pour faire la guerre à la France, et
à ne disposer de la main de ses filles qu'a-
vec le consentement de son suzerain.

Dépouillé des prérogatives du rang suprême qu'il avait affectées toute sa vie,
confondu désormais avec les autres princes
du sang, le duc François II mourut de

chagrin, dit-on, le 9 septembre 1488, trois semaines après avoir signé cette convention que ratifièrent les États de Bretagne. Par son testament, il instituait pour tuteur de Mmes Anne et Isabelle, ses héritières, le seigneur de Rieux, maréchal de Bretagne, et pour leur gouvernante, Mme Françoise de Dinan, comtesse de Laval.

Anne avait été immédiatement reconnue duchesse. Si l'on adopte la date de sa naissance, que M. Daru fixe au 26 janvier 1477, Anne de Bretagne n'atteignait pas encore sa douzième année. Ce judicieux écrivain relève une foule d'erreurs commises par les auteurs qui l'ont précédé. Ainsi, d'Argentré prétend qu'au milieu des désastres qui tendaient à détrôner le duc François II et à priver Anne, sa fille, de son héritage, cette princesse, pour fixer le souvenir de ces grands événements, entreprit d'en faire une narration qu'elle envoya à l'archiduc Maximilien. L'auteur de l'*Histoire de la réunion de la Bretagne à la France* n'hésite point à déclarer que ces Mémoires, qui sont perdus pour la postérité, étaient un morceau d'histoire que n'eussent point désavoué les meilleures plumes, et dans lequel on retrouvait toute l'élévation de l'âme d'Anne de Bretagne, et toute la beauté de son génie. « Celui qui fait, dit M. Daru, un si bel éloge de ces Mémoires ne les avait pas vus plus que nous. Il n'est pas impossible absolument que cette princesse eût écrit un récit des événements qui avaient troublé la fin du règne de son père, mais je me vois toujours dans la nécessité de rappeler qu'à l'époque de la bataille de Saint-Aubin, elle n'avait encore que onze ans. Si Anne envoya cet ouvrage à Maximilien, il fallait qu'elle l'eût composé dans une extrême jeunesse ; car elle n'avait que quatorze ans lorsque son mariage avec le roi des Romains fut rompu ; mais les historiens se sont donné le mot pour faire cette princesse extrêmement précoce. »

M. Daru porte également la lumière de la critique sur les prétendus amours de Louis d'Orléans pour Anne de Bretagne. Peut-on croire à une passion inspirée à ce prince par une enfant, âgée de sept ans lors du premier voyage qu'il fit dans ce duché, de onze ans lorsqu'il perdit la bataille de Saint-Aubin du Cormier? L'idée d'aimer un homme marié devait-elle s'offrir au cœur d'une jeune princesse élevée dans les sentiments de l'honneur et de la modestie? Et le duc d'Orléans pouvait-il songer alors à la rupture des liens qui l'unissaient à Jeanne de France? Toute tentative de ce genre n'eût-elle pas rencontré des obstacles insurmontables? Charles VIII, Anne de Beaujeu eussent-ils abandonné, trahi les intérêts de leur sœur? Laissons donc au roman ces fictions indignes de l'histoire. L'histoire a dû rechercher et faire connaître les divers desseins conçus et formés par la politique ou par l'ambition, soit pour donner, soit pour obtenir la main de l'héritière de la Bretagne.

C'est un spectacle vraiment admirable que nous présente une princesse, dans l'âge le plus tendre, luttant contre le génie et les intrigues de Madame, armée de toutes

5.

les forces de la France, contre la dureté du maréchal de Rieux, son tuteur, contre la rébellion de ses principaux sujets et les infidélités de ses alliés. La fermeté de son âme, la noblesse et l'énergie de son caractère, ses grâces et ses malheurs répandent sur toutes ses actions l'intérêt le plus vif et le plus touchant.

Entre les prétendants qui aspiraient à la possession d'Anne de Bretagne, était Alain, sire d'Albret, père de Jean, roi de Navarre, de trois autres fils et de quatre filles, tous issus de son premier mariage avec Françoise de la maison de Blois, supplantée dans le duché par la maison de Montfort. Soixante ans d'âge, la rudesse d'un vieux guerrier et ce nombreux cortége d'enfants ne faisaient pas du sire d'Albret un parti sortable pour la princesse. Elle éprouvait à son égard une répugnance invincible, et avait déclaré qu'elle aimerait mieux s'enfermer dans un couvent. Albret n'était pas moins odieux aux Bretons, qui l'accusaient d'avoir causé la perte de la bataille de Saint-Aubin ; mais il avait l'appui de la comtesse de Laval, sa sœur, et du maréchal de Rieux. Dunois, que la jeune duchesse avait pris pour un de ses conseillers, aigrissait encore sa répugnance. Rieux, irrité de ses refus, porta l'audace jusqu'à vouloir la soumettre de force au joug qui lui faisait horreur.

Poursuivie par les armes du vicomte de Rohan, à qui Mme de Beaujeu avait fourni des troupes et à qui elle promettait, pour prix de la victoire, de faire épouser à son fils Anne de Bretagne; celle-ci s'était réfugiée à Redon, où elle avait mandé au maréchal de Rieux et au sire d'Albret de venir la prendre avec une escorte, pour la conduire en sûreté à Nantes. Loin d'obéir aux ordres de leur souveraine, tous deux marchent sur Nantes, s'emparent de cette ville, du château et des trésors qui s'y trouvaient renfermés. Lasse d'attendre l'escorte qu'elle avait demandée, Anne se met en route avec Dunois, et arrive à la vue des faubourgs de Nantes. Son impitoyable tuteur lui fait signifier qu'il ne la recevra dans la ville qu'avec une suite de douze personnes; il ose plus, il accourt pour l'enlever. A l'aspect du rebelle, Anne saute en croupe sur le cheval de Dunois et donne le signal du combat. Le sang allait couler, lorsque Dunois demande une conférence au chef des factieux, obtient la liberté de se retirer avec la princesse, en promettant de la ramener à Nantes à un jour marqué. Il laisse pour otage de sa parole Jean de Louhans, qui avait été capitaine des gardes du duc d'Orléans. Un seul trait suffit pour faire apprécier le noble dévouement de ce chevalier : il pénètre le projet qu'a formé le sire d'Albret d'épouser de gré ou de force la duchesse de Brétagne. Aussitôt il fait part de sa découverte à Dunois, le conjure de fuir avec la princesse, s'exposant lui-même à la fureur et à la vengeance du téméraire Alain. Ce sacrifice magnanime arrache des pleurs d'admiration à Dunois, qui s'éloigne en gémissant et conduit la princesse, toujours poursuivie par Rieux, à Vannes, à Redon, et enfin à Rennes, où elle trouve un asile. Dénuée de tout, réduite à la plus extrême détresse, Anne ne vécut que des secours qui lui furent offerts par les bourgeois et même par les plus pauvres artisans.

Pour mettre un terme à tant de persécutions, les serviteurs de la duchesse, voyant que le roi d'Angleterre lui-même avait été gagné par le sire d'Albret, cherchèrent à délivrer leur maîtresse de ces obsessions réunies, en la décidant à épouser le roi des Romains. Maximilien, avec qui le duc François II s'était engagé dès l'année 1487 pour le mariage de sa fille aînée, était un prince de vingt-neuf ans, d'une taille gigantesque, brave guerrier, et plus versé dans les lettres qu'aucun des princes de son temps, trait de conformité avec Anne, dont l'éducation avait été fort soignée. On assure qu'alors le duc d'Orléans appuya de tout son crédit, auprès du duc de Bretagne, la demande de l'archiduc, ce qui eût été peu naturel si Louis eût été amoureux de la princesse. On reprit très-secrètement la négociation qui avait été entamée du vivant de François II. La jeune duchesse consentit à donner sa main à un prince qui pourrait la défendre.

Mme de Beaujeu ignorait cette intrigue; mais, instruite que Maximilien était sur le point de conclure avec les princes de l'empire une ligue contre la France, elle ne refusa point de faire la paix. Il fut convenu que les villes et places fortes de la Bretagne seraient rendues à la duchesse, et que les Anglais seraient renvoyés. Dans le traité, on fit mention du duc d'Orléans, dont Maximilien ne voulut point paraître sacrifier les intérêts. Glorieux d'avoir trompé une femme aussi habile que Madame, l'archiduc fit partir pour la France trois ambassadeurs, sous prétexte de veiller à l'exécution du traité. Leur mission remplie auprès du roi, ils témoignèrent le désir de passer en Bretagne pour aplanir les difficultés qui s'opposaient encore à la paix générale. Madame, très-éloignée de soupçonner leur véritable dessein, les fit conduire honorablement à Rennes par deux hérauts; mais à peine y furent-ils arrivés que l'un des négociateurs épousa la duchesse au nom de son maître. Le comte de Nassau, fondé de pouvoir de Maximilien, n'oublia aucune des formalités par lesquelles on croyait rendre le mariage indissoluble. Après la messe nuptiale, la jeune princesse fut mise au lit par sa gouvernante, Mme de Laval ; alors on introduisit l'ambassadeur qui, tenant à la main la procuration de l'archiduc, plaça dans le lit sa jambe nue, et déclara le mariage consommé.

Le mystère ne transpira qu'au décès de la sœur unique d'Anne de Bretagne ; Isabelle mourut au commencement de l'année 1490. On imagine aisément quels furent la confusion et le dépit de Madame, lorsqu'elle vit ses espérances trompées et ses projets déconcertés. Elle n'avait donc fait jouer tous les ressorts de la politique, employé tous les efforts de l'ambition, que pour donner à la Bretagne un maître plus puissant, et à la France le voisin le plus dangereux qu'il y eût en Europe! Mais un coup si imprévu n'abattit point le génie de Madame ; elle entreprit de rompre cette union fatale dont les conséquences la faisaient trembler. D'abord, elle affecta de la regarder comme nulle : depuis quand une princesse du sang, une vassale de la couronne, pouvait-elle disposer de sa main et de ses États sans l'agrément de son seigneur suzerain ? Aux armes de la raison joignant celles du ridicule, elle peignit comme une scène bizarre et indécente la cérémonie avec laquelle l'ambassadeur du roi des Romains avait mis une jambe nue dans le lit de la duchesse. Maximilien devint l'objet des railleries les plus piquantes de la France et de l'Europe même.

Mais, en enlevant à Anne de Bretagne l'époux qu'elle s'était choisi, ne fallait-il pas lui offrir un parti capable de la dédommager ? Il n'y en avait qu'un, c'était le roi de France. Un obstacle se présentait : Charles VIII avait été fiancé à Marguerite d'Autriche, fille de ce même Maximilien, empereur désigné, et de Marie de Bourgogne. La cérémonie de ses fiançailles avait été célébrée à Paris, au mois de juillet 1483, avec une grande solennité. Cette princesse était âgée de trois ans. Elle resta en France pour y être élevée, et portait le titre de Madame la Dauphine. Il s'agissait d'obtenir du Saint-Siége les dispenses nécessaires pour dissoudre ces liens. Anne de Beaujeu s'était, par un acte de complaisance envers le souverain pontife, ménagé d'avance le succès de ses demandes; elle lui avait livré le sultan Zizim, fils de ce formidable Mahomet, de ce conquérant de Constantinople, qui fit si longtemps trembler l'Italie. Aussi la gratitude d'Innocent VIII servit-elle Madame comme s'il eût été ministre de France.

Préparer à Maximilien le double affront de se voir ravir sa femme et renvoyer sa fille, c'était s'exposer au plus terrible ressentiment. Madame s'y attendait, et, sans le redouter, elle trouva le secret de susciter à ce prince des occupations qui l'empêchèrent de passer dans les Pays-Bas pour y consommer son mariage. Mais l'expédient de l'union d'Anne de Bretagne avec Charles VIII rencontrait plus d'un obstacle de la part de la jeune duchesse. Déjà elle avait pris dans quelques actes le titre de reine des Romains. Elle touchait à sa quinzième année; son discernement naturel, développé par l'éducation, ne permettait pas de penser qu'elle fût indifférente sur le choix d'un époux. Celui qu'on voulait lui donner se présentait à ses yeux comme l'oppresseur de son pays et le spoliateur de sa famille. Une princesse fière, hautaine, ferme dans ses desseins jusqu'à l'opiniâtreté, ne voudrait pas plus s'imposer un maître à elle-même que l'imposer à la Bretagne. Madame redoubla de soins et d'activité pour mettre dans ses intérêts tout ce qui entourait la duchesse. Le prince d'Orange, rendu à la liberté, et le comte de Dunois secondèrent avec zèle les vues d'Anne de Beaujeu. Dunois, toujours dévoué au duc d'Orléans, dont il désirait briser les chaînes, remontra qu'il fallait prendre des moyens tout autres que ceux qui avaient été employés jusqu'alors. « La duchesse, disait-il, avait, malgré la faiblesse de son âge, montré qu'elle était capable d'une résolution hardie et même désespérée. On ne la ramènera qu'en la persuadant qu'on veut, non la dominer, mais placer sur sa tête une couronne dont la rendent digne sa naissance et ses éminentes qualités. » Il ajoutait que cette perspective deviendrait plus attrayante si elle était présentée par le duc d'Orléans, parce que la princesse n'oubliait pas qu'il avait daigné, lorsqu'à peine elle sortait de l'enfance, lui marquer un intérêt qui la flattait, et parce qu'elle croyait que le prisonnier souffrait pour elle.

Le désespoir du sire d'Albret devint encore pour Madame un auxiliaire puissant. Troupes, biens, rang, patrie, ce guerrier avait tout hasardé, tout sacrifié pour acquérir une couronne en épousant la duchesse de Bretagne; mais, repoussé avec horreur par la princesse, proscrit en France, abandonné tout à la fois du roi d'Angleterre, du maréchal de Rieux, son ami, de la comtesse de Laval, sa sœur; forcé d'opter entre la misère et la trahison, sa seule ressource était la ville de Nantes, dont il s'était emparé : il offrit de la vendre à Madame de Beaujeu, mais au prix le plus excessif. Cette femme habile promit tout ; Nantes fut livrée au duc de Bourbon ; le sort de la Bretagne était décidé.

Mais, tandis que la sœur de Charles VIII travaillait avec tant d'ardeur et de succès à la gloire et au bonheur du roi, son pupille, elle éprouvait, de sa part, des chagrins auxquels contribua surtout, il faut bien l'avouer, l'humeur inflexible de cette princesse altière et vindicative. Depuis longtemps elle résistait aux supplications de presque toute la France, qui voyait avec regret le duc d'Orléans consumer ses plus beaux jours dans les rigueurs d'une affreuse prison ; elle s'était attiré l'indignation publique en repoussant avec dureté la duchesse qui, les larmes aux yeux, réclamait la liberté de son époux. Enfin, la malheureuse Jeanne de France, en habits de deuil et les cheveux épars, se présente devant son frère, se précipite à ses genoux, et fait parler sa douleur. Le roi la relève, l'embrasse tendrement, mêle ses

larmes aux siennes : « Vous aurez, ma
« sœur, lui dit-il, celui qui cause vos re-
« grets ; fasse le Ciel que vous n'ayez ja-
« mais à vous en repentir ! »

Cependant Charles VIII flottait encore
indécis ; il avait toujours aimé son cousin, malgré ses écarts ; ses longues souffrances lui déchiraient le cœur : d'un
autre côté, rompre ses chaînes à l'insu de
Madame, c'était enfoncer le poignard dans
le sein de la princesse, qui avait été sa
divinité tutélaire contre tant d'ennemis
étrangers et domestiques ; c'était, en quelque sorte, payer d'ingratitude les soins de
celle qui lui avait tenu lieu de mère.

Dans cette perplexité, il consulte deux
jeunes seigneurs de sa cour, Miolans, un
de ses chambellans, et Réné de Cossé, son
pannetier. Tous deux l'encouragent à
poursuivre son dessein : « N'est-ce pas une
honte pour lui que cette soumission profonde aux volontés d'une sœur dévorée du
désir de la domination ? C'est assez longtemps jouer le rôle d'un enfant. Le jour
est venu de montrer à la France qu'elle a

un roi compatissant, généreux, digne de la gouverner. Le premier acte de son indépendance n'est-il pas de délivrer lui-même le premier prince du sang, qui, touché d'un si grand bienfait, lui sera pour jamais dévoué ? »

La pitié l'emporte enfin sur des scrupules trop longtemps combattus ; mais Charles veut encore la couvrir des ombres du mystère. Afin d'écarter les surveillants dont on l'environne, il prétexte une partie de chasse, part du Plessis-lez-Tours avec une suite peu nombreuse, pousse jusqu'à Montrichard, arrive le lendemain au pont de Barangon, et, de là, envoie d'Aubigny tirer le duc d'Orléans de la tour de Bourges. Charles VIII l'attendait dans un château voisin. Le prince arrive, se jette aux pieds du roi, sans pouvoir proférer une parole. Cette attitude, ce silence plus éloquent que les discours, attendrissent le monarque; il serre à plusieurs reprises son cousin dans ses bras, le prie d'oublier le passé, et le traite comme un frère chéri. Suivant l'usage du temps, les deux princes couchèrent ensemble. Le roi fit à son nouvel ami la confidence de son projet d'épouser Anne de Bretagne. Le duc, pénétré de reconnaissance envers son libérateur, promit d'employer les Bretons, ses partisans, pour l'exécution de ce dessein.

Madame n'apprit que par la voix publique l'élargissement du duc d'Orléans et les caresses extraordinaires qui avaient accompagné ce bienfait. Depuis huit ans qu'elle tenait les rênes de l'État, c'était la première fois que lui échappait son pupille. On conçoit l'extrême agitation qui vint la saisir : elle sentait que son autorité allait expirer. La perte de ces honneurs dont elle était si jalouse, de cette domination absolue qu'elle chérissait autant que la vie, remplissait son âme de regrets et d'amertume. Dans l'excès de son affliction, elle écrivit au roi. Sa lettre, courte, mais tendre et soumise, rappelait à Charles les soins qu'elle avait pris de son enfance, le conjurait de ne point ajouter foi à la calomnie, et offrait de rendre un compte exact de l'administration du royaume.

C'était, de la part de Madame, méconnaître le cœur du prince qu'elle avait élevé. La première pensée du roi, en rendant la liberté au duc d'Orléans, avait été d'exiger de son cousin sa parole d'honneur de se réconcilier avec le duc et la duchesse de Bourbon. Il s'empressa de rassurer la princesse dont il appréciait tout le mérite : « Ma bonne sœur, m'amie, « lui écrivait-il, je me recommande bien « fort à vous. Loys du Peschin m'a dit que « vous avés sceu que aulcunes choses « m'ont esté rapportées contre vous, qui « touchent vostre honneur : à quoy je luy « ai fait response que rien ne m'a esté rap- « porté ; et je vous asseure que l'on ne « m'en oseroit parler, car, en quelque « façon que ce soit, n'y vouldrois adjouter « foy, ainsi que j'espère vous dire quand « nous serons ensemble... Vous disant à « Dieu, ma bonne sœur m'amie, qui vous « ait en sa garde. »

Si, au début de sa carrière, le duc d'Orléans s'était fait connaître par la fougue de ses passions ; si, par son caractère entreprenant et factieux, il avait menacé d'être le fléau de la France, il prouva depuis, sans jamais se démentir, que l'adversité avait développé dans son cœur les semences de vertu et de gloire qu'il tenait de la nature, et avait fait de lui un héros compatissant, sage et magnanime. Il eut, peu de jours après, à La Flèche, une entrevue avec le duc de Bourbon. Là, ces deux princes jurèrent sur l'Évangile d'ensevelir le passé dans un éternel oubli, de s'aimer, de s'aider mutuellement, et de concourir de toutes leurs forces au maintien de l'autorité royale et au soulagement du peuple. Ce n'était point un vain serment ; l'un et l'autre y furent inviolablement fidèles.

Depuis la perte de Nantes, Anne de Bretagne désespérait du salut de ses États. Elle avait en vain compté sur les secours de Maximilien, dont elle se regardait toujours comme l'épouse. Mais, autour d'elle, tout conspirait au succès de Madame, généraux, ministres, courtisans de l'un et de l'autre sexe. Le prince d'Orange fut chargé d'annoncer à la duchesse qu'elle ne conservait plus d'autre asile que le trône de France. À cette déclaration, le palais retentit de cris douloureux. Anne s'était formé du jeune monarque l'idée la plus sinistre ; le nom seul de Charles VIII la glaçait d'effroi. Tel était l'excès de sa douleur et de son indignation , que le prince d'Orange, craignant qu'elle ne se sauvât par mer dans les Pays-Bas, écrivit à Madame de lui couper tous les chemins de la retraite.

Aussitôt la Bretagne est inondée de troupes françaises ; le vicomte de Rohan s'empare des ports ; La Trémouille investit Rennes ; le roi lui-même accourt pour triompher en personne d'une résistance qui ajoute à la conquête un nouveau prix. La duchesse ne parle que de se défendre jusqu'à la dernière extrémité : mais elle n'aperçoit, dans les regards de tous ceux qui l'environnent, que l'ennui de la guerre et le désir de la paix. Son courage lui reste ; mais, à la vue des maux qui vont assaillir ses chers Bretons, elle s'attendrit et cède au besoin de les sauver.

Anne surmonta sa répugnance et se soumit à son sort : Charles eut avec elle une courte entrevue à Rennes. Les conditions du mariage une fois réglées, il quitta la Bretagne et alla s'établir en Touraine, dans le château de Langeais. Quinze jours après, la duchesse s'y rendit, accompagnée d'une partie de sa cour, et le mariage fut célébré le 6 décembre 1491. Dunois, qui avait eu tant de part à la conclusion de cette affaire, ne jouit pas de son triomphe : une attaque de goutte venait de l'enlever avant le départ de la princesse.

Toute l'influence de Madame se retrouve, avec son génie politique, dans les stipulations du contrat de mariage : Anne de Bretagne cède au roi, pour lui et ses successeurs, à jamais, irrévocablement, tous les droits, propriétés, possessions qui lui appartiennent sur le duché, et généralement tous ses biens immeubles présents et à venir. Dans le cas où la princesse mourrait avant le roi, sans enfants issus de leur mariage, elle cède et transporte, dès à présent, comme pour lors, au roi tous ces mêmes droits de propriété, et le constitue son procureur perpétuel, comme en une chose à lui appartenante.

Ainsi, la duchesse reconnaît que le roi traite comme se prétendant légitime propriétaire de la Bretagne; et, en le constituant son procureur perpétuel, elle se déssaisit de l'exercice de la souveraineté. Cette cession générale, irrévocable, et réalisée à l'instant, consommait donc la réunion de la Bretagne à la France, dans le cas où le roi survivrait à la reine, sans en avoir d'enfants.

De son côté, le roi, voulant accorder à Madame Anne une semblable faveur conjugale, lui cède et transporte perpétuellement, et à titre d'héritage, tous les droits et propriétés appartenant auparavant au roi très-chrétien, au cas qu'il meure avant la reine, sans laisser d'enfants.

La donation paraît réciproque, mais il faut observer que la princesse remet ce qu'elle possède, tandis que le roi ne délaisse que des prétentions non réalisées.

Voici une clause importante : « Afin, ajoute le contrat, d'éviter les guerres et et les autres événements qui pourraient troubler les deux pays, Madame Anne ne se remariera qu'avec le roi futur, si la chose est possible et qu'elle leur convienne, ou avec l'héritier présomptif de la couronne de France : dans ce dernier cas, l'héritier présomptif tiendrait la Bretagne à foi et hommage de la couronne, et ne pourrait aliéner le duché en d'autres mains que celles du roi et de ses successeurs. »

Ici, M. Daru relève encore une étrange réflexion de Gaillard : « Cet article, dit l'historien de François Ier, ne put déplaire à la princesse ; il lui laissait l'espérance, quoique éloignée et incertaine, d'épouser le duc d'Orléans. » — « Cette supposition, répond M. Daru, ferait peu d'honneur à une princesse qui se piqua toujours d'une grande sévérité de mœurs et d'une haute dévotion ; elle avait alors près de quinze ans ; Charles en avait vingt-un : assurément, il était probable qu'ils auraient des enfants; et, en effet, ils en eurent quatre, trois fils et une fille, qui tous moururent en bas âge. Il n'y avait point de raison pour que le duc d'Orléans, qui avait huit ans de plus que le roi, lui survécût; et enfin, il était peu vraisemblable que jamais il pût épouser Anne, puisque lui-même était déjà marié. »

L'auteur de l'*Histoire de Bretagne* ajoute : « Comme il n'est guère possible de douter que le duc d'Orléans n'ait conçu de l'amour pour la princesse Anne, c'est probablement à cette époque qu'il faut rapporter la naissance de cette passion. Il serait téméraire d'assurer qu'Anne la partageât, mais on doit supposer qu'elle en fut instruite. Malgré sa jeunesse, elle avait cet esprit de conduite qui fait éviter les fautes et ménager les ressources pour un avenir éloigné. Déjà capable de dissimulation, elle se montrait soumise à un mari dont elle avait été la conquête, ainsi que la Bretagne ; mais elle nourrissait au fond de son cœur une ambition qui en fut tou-

jours la passion dominante. La supériorité de son génie devait, tôt ou tard, lui
donner de l'empire sur le roi. Veuve et
mère, elle pouvait espérer de voir un de
ses fils sur le trône de France, et de recouvrer elle-même le gouvernement de
ses propres États. Veuve et sans enfants,
il lui importait de conserver de l'ascendant sur le duc d'Orléans, héritier présomptif de la couronne. Pour ne pas com-
promettre cet ascendant, il fallait bien se
garder de laisser entrevoir au prince l'espérance d'un succès facile. Ainsi la politique de la reine se trouvait d'accord avec
sa vertu, et cette conduite circonspecte
acheva d'enflammer un prince qui, jusque-là, s'était montré fort inconstant. »

Le plaisir de citer un si judicieux et si
élégant écrivain nous a fait anticiper sur
les événements ; il est temps de retourner
en arrière.

On comprend toute la joie que dut res-
sentir Madame de Beaujeu en voyant entre
les bras du roi, son pupille, la princesse la plus accomplie. De Langeais, la

duchesse de Bourbon conduisit la nouvelle reine à Saint-Denis, où elle fut couronnée avec une pompe extraordinaire. Peu après, Anne fit son entrée solennelle dans la capitale du royaume, au milieu des acclamations d'un peuple immense, qui ne pouvait se lasser d'admirer ses grâces et sa beauté; car, au dire de Brantôme, « sa taille estoit belle et médiocre. « Il est vray qu'elle avoit un pied plus « court que l'aultre le moins du monde ; « on s'en apercevoit peu, et malaisée- « ment le cognoissoit-on, dont pour cela « sa beauté n'en estoit point gastée. » Dans son enchantement, tout ce peuple élevait jusqu'au ciel les vertus, le courage, les actions héroïques d'une princesse qui, à l'âge de quinze ans, avait mérité l'estime et la vénération de toute l'Europe. Madame, sortie victorieuse de tous les obstacles qui s'étaient mis à la traverse de cette heureuse union, marchait à côté de la reine, et partageait les honneurs du triomphe. On peut juger de la surprise avec laquelle les étrangers apprirent le

succès d'un si grand événement par l'ex-
clamation qu'il arracha au fameux Lau-
rent de Médicis : « Quelle puissante mo-
« narchie que la France, et si jamais elle
« vient à connoître ses forces, que devien-
« dra l'Italie ! »

C'est ainsi qu'Anne de France termina
sa brillante administration. Elle avait, durant huit années, gouverné le royaume,
et, dans cet espace de temps, l'histoire n'a
guère à lui reprocher que son opiniâtre
animosité contre le duc d'Orléans. Mais,
à part ce tort qui prenait sa source, non-
seulement dans un caractère naturellement fier et impérieux, mais aussi dans
la conduite factieuse et rebelle de ce prince,
on ne saurait disconvenir que la politique
de Madame n'ait été très-utile à la France.
Dès l'âge de vingt-trois ans, on l'a vue
saisir d'une main non moins habile que
ferme les rênes de l'État, réprimer les
troubles qui s'élevèrent après la mort de
Louis XI, vaincre Maximilien dans plusieurs campagnes, donner un roi à l'Angleterre, et réduire la Bretagne à ne pou-

voir plus être qu'une province française. Comment, devenu l'unique maître, Charles VIII fit-il presque autant de fautes que de démarches? Par quelle fatalité échoua-t-il dans le calme, tandis que sa sœur avait si heureusement conduit le vaisseau dans le port, à travers les écueils et les orages d'une longue et laborieuse navigation? C'est que, si Charles VIII eut en partage la valeur, la générosité, l'amour de la gloire, il manqua des talents qui tiennent au génie.

Nous ne le suivrons pas dans les folles expéditions où le précipita cet amour inconsidéré de renommée et de conquêtes, qui coûta tant de sang et de trésors, et qui, dès lors, commença à faire de l'Italie le tombeau des Français. Vainement le sire de Beaujeu, devenu duc de Bourbon, l'amiral Graville, le maréchal Desquerdes, s'efforcèrent d'arrêter la fougue guerrière du jeune roi : les représentations de la prudence furent étouffées par les conseils intéressés de ministres et de courtisans adulateurs. La résolution de Charles était prise. En partant, il confia au duc de Bourbon, déclaré lieutenant général du royaume, la reine, le dauphin qu'elle venait de mettre au jour, et l'administration de l'État. Mais ces marques de confiance ne consolaient pas Bourbon; son cœur saignait des malheurs qu'il était si facile de prévoir. Il emmena la reine dans le palais qu'il possédait à Moulins. Cette princesse y demeura pendant presque toute l'absence du monarque. Le lieutenant général ne décidait rien sans prendre l'avis de sa souveraine, et gouvernait de concert avec la duchesse, son épouse, et le comte de Vendôme, que le roi lui avait laissé pour commander sous ses ordres. Le duc d'Orléans fut envoyé en Piémont, chargé de la mission peu brillante d'assurer les communications de l'armée avec la France.

Ce fut sans doute à cause de son extrême jeunesse que la reine ne fut pas même nommée dans les ordonnances par lesquelles on pourvut au gouvernement pendant l'absence du roi, et cet oubli ne pouvait qu'affliger le cœur sensible et fier de la princesse. A cette espèce de mortification se joignit une douleur bien plus cruelle : un an après l'expédition de Naples, le Dauphin mourut en 1495. La reine mit au monde un second fils qui ne vécut que quelques jours. Elle eut encore un fils et une fille qui moururent presque en naissant.

On se demande, et ce n'est pas sans raison, si, dans le cours de son union avec Charles VIII, Anne de Bretagne jouit d'un bonheur sans nuages. Un fait inspire plus que des doutes à cet égard : au moment où l'on s'attendait à voir le roi partir de Lyon pour repasser les Alpes et aller reporter la guerre en Italie, Charles se mit tout à coup en route vers Tours, sous prétexte de visiter les reliques de saint Martin. S'il est vrai, comme on l'assure, que le motif réel de ce voyage fut de suivre une des filles d'honneur de la reine, on peut inférer de là que cette princesse, à peine âgée de vingt ans, se voyait déjà délaissée de son époux, auquel les plus brillantes

qualités et une instruction rare pour le
temps la rendaient infiniment supérieure.

Charles VIII avait rapporté de sa première expédition le goût des arts qui pre-
naient le plus rapide essor en Italie. « Il
avoit entrepris à Amboise, dit Philippe de
Comines, le plus grand édifice que commença, cent ans a, roy, tant au chasteau
qu'à la ville ; et se peut voir par les tours,
par où l'on monte à cheval, et par ce qu'il
avoit entrepris à la ville, dont les patrons
estoient faicts de merveilleuse entreprise
et despence, et qui de longtemps n'eussent
pris fin ; et avoit amené de Naples plusieurs
ouvriers excellents en plusieurs ouvrages,
comme tailleurs (de pierres) et peintres ; et
sembloit bien que ce qu'il entreprenoit estoit entreprise de roy jeune et qui ne pensoit
à la mort, mais esperoit longue vie ; car il
joignit ensemble toutes les belles choses
dont on luy faisoit feste, en quelque pays
qu'elles eussent esté veües, fust France,
Italie ou Flandres : et si avoit son cueur
tousjours de faire et accomplir le retour
en Italie, et confessoit bien y avoir faict

des fautes largement et les contoit, et luy sembloit que si une aultre fois il y pouvoit retourner, et recouvrer ce qu'il avoit perdu, qu'il pourvoyeroit mieulx à la garde du pays qu'il n'avoit faict, et parce qu'il avoit intelligences de tous costés, pensoit bien d'y pourvoir pour recouvrer et remettre en son obéissance tout le royaume de Naples...

« Estant le roy en ceste grande gloire quant au monde, et en bon vouloir quant à Dieu, le septieme jour d'avril, l'an 1498, veille de Pasques flories, il partit de la chambre de la reine Anne de Bretagne, sa femme, et la mena avec luy, pour voir jouer à la paulme ceulx qui jouoient ès fossez du chasteau, où ne l'avoit jamais menée que ceste fois; et entrerent ensemble en une galerie, et estoit le plus deshonneste lieu de léans, et estoit rompue à l'entrée; s'y heurta le roy du front contre l'huys, combien qu'il fust bien petit, et puis regarda longtemps les joueurs; et devisant à tout le monde. La dernière parole qu'il prononça jamais en devisant en santé, c'estoit qu'il dit qu'il avoit esperance de ne faire jamais péché mortel ne veniel, s'il pouvoit, et en disant ceste parole, il cheut à l'envers et perdit la parole : il pouvoit estre deux heures après midy, et demeura là jusques à onze heures de nuict. Trois fois luy revint la parole, mais peu luy dura. Toute personne entroit en ladicte galerie, qui vouloit, et le trouvoit-on couché sur une pauvre paillasse, dont jamais il ne partit jusques à ce qu'il eust rendu l'ame, et y fut neuf heures. Et ainsi départit de ce monde si puissant et si grand roy, et en si misérable lieu, qui tant avoit de belles maisons, et en faisoit une si belle, et si ne sceut à ce besoin finer d'une pauvre chambre. » Comines ajoute : « Le mal du roy fut un catharre ou apoplexie, et esperoient les medecins qu'il lui descendroit sur un bras, et qu'il en seroit perclus, mais qu'il n'en mourroit point; toutesfois il avint autrement. »

Charles VIII était âgé de vingt-sept ans et neuf mois; il avait régné quatorze ans et demi. Mal fait de sa personne, de petite stature, faible et maladif; il avait les épaules hautes, le visage difforme, la parole lente et mal assurée; néanmoins les yeux vifs et brillants, de belles saillies pour les grandes choses, mais qui duraient peu, de la bonté, de l'humanité, et de la courtoisie envers tout le monde; au reste, pas assez de force et trop de nonchalance pour se faire bien obéir. Il ne se trouve point qu'en toute sa vie il ait chassé un seul de ses domestiques, ni offensé pas un de ses sujets de la moindre parole. Tel est le portrait que Mézerai nous a laissé de ce prince.

La reine, que Charles VIII avait épousée malgré lui et malgré elle, fut profondément affligée de sa mort. Le duc d'Orléans donna des larmes à la perte de celui qu'il allait remplacer sur le trône. Anne de France et son mari le duc de Bourbon se trouvaient alors à Moulins; ils n'avaient pu recevoir les derniers soupirs d'un frère chéri. Sa fin prématurée les rendit d'autant plus inconsolables, qu'ils allaient avoir pour maître ce même duc d'Orléans que la dame de Beaujeu avait si longtemps persécuté. Et jusqu'où ce prince, devenu roi, ne porterait-il pas le ressentiment de son affreuse captivité? Mais le cœur de Louis XII ne leur était point connu. « Ce n'est pas au « roi de France à venger les injures faites « au duc d'Orléans »; telles furent les premières paroles de ce monarque magnanime; et lorsque de jaloux et perfides courtisans cherchaient à perdre le guerrier qui l'avait vaincu et fait prisonnier : « Si La Tré- « mouille, répondit le roi, a bien servi son « maître contre moi, il me servira de même « contre ceux qui seraient tentés de trou- « bler l'Etat. » Louis ne vit dans la duchesse de Bourbon qu'une femme d'un rare génie et d'un courage invincible, qui avait sauvé et agrandi le royaume dans les temps les plus orageux; il témoigna surtout au duc de Bourbon les égards, l'estime et la confiance qu'on ne pouvait refuser à sa haute vertu; il fit pour l'un et pour l'autre tout ce qu'ils auraient à peine attendu de Charles VIII, si ce prince avait encore été sur le trône.

Tant de clémence et de mansuétude font

assez pressentir à quel degré de délicatesse
le roi porta ses égards envers la jeune veuve.
Avant de paraître à ses yeux, il chargea des
premières consolations les deux seigneurs
que le défunt monarque affectionnait le
plus. Louis alors se montra, et l'entrevue
ne fut pas moins pénible pour lui que pour
la princesse. Il la trouva livrée au désespoir, refusant de prendre aucune nourriture, et vêtue de noir, quoique l'usage de
France fût que les reines portassent le
deuil en blanc. Ils ne purent d'abord s'ex-
primer que par quelques paroles entre-
coupées de sanglots. La reine ne crut pas
que la décence lui permît de rester à la
cour d'un prince dont les sentiments secrets n'étaient plus pour elle un mystère.
Anne prit le chemin de la Bretagne, où elle
se hâta de faire acte de souveraineté en
publiant des édits, frappant des monnaies
et convoquant les Etats de la province. A
son départ pour le duché dont elle avait
pris le titre, elle se garda de laisser péné-
trer le dessein d'en revenir. On a vu qu'aux
termes de son contrat de mariage avec

Charles VIII, elle était obligée d'épouser son successeur ou l'héritier présomptif de la couronne; mais cet héritier, le comte d'Angoulême, n'avait que quatre ans, et Louis XII n'était pas libre. La preuve cependant que cette veuve inconsolable n'avait pas tardé à prendre un parti, c'est sa promesse, datée du 18 août 1498. Anne était veuve depuis le 17 avril précédent. Cette promesse est ainsi conçue :

« Ayant ce qui dessus très-agréable, et
« desirant de nostre part entretenir et en-
« tièrement accomplir les choses par nous
« promises, promettons et déclarons par
« ces présentes d'espouser nostre dict sei-
« gneur le roy, incontinent que faire se
« pourra licitement, et que divorce sera
« fait de luy et de madame Jeanne de
« France, devant ledict temps d'un an;
« sur lequel divorce l'on dit le procès estre
« déja commencé devant aulcuns juges
« apostoliques, etc. »

Or, ce procès était si bien commencé, qu'une bulle du pape avait nommé des commissaires; la date de cette bulle est du

29 juillet; et, avant d'entamer une négociation avec la cour de Rome, il avait fallu
s'assurer du consentement de la reine
Anne.

C'est ici qu'une princesse du sang royal
va donner au monde le douloureux et touchant spectacle de la vertu aux prises avec
le malheur : spectacle d'autant plus sai-
sissant que la cause volontaire d'une infortune aussi cruelle qu'humiliante est ce
même roi dont l'adorable bonté fera les
délices de la France, et de qui le nom est
encore en vénération chez la postérité.
Une faible femme est réduite à lutter seule
contre un puissant monarque, aidé du concours intéressé de l'indigne pontife assis
sur le siége de saint Pierre.

Louis XII avait réclamé, près la cour de
Rome, contre la validité de son mariage
avec la seconde fille de Louis XI. Le pape
Alexandre VI, ne rêvant qu'aux moyens
d'accroître la fortune de son fils César
Borgia, se montra tout disposé à remplir
les intentions du roi. Il institua pour arbitres de cette grande contestation le car-

dinal Philippe de Luxembourg, évêque du Mans, Louis d'Amboise, évêque d'Albi, frère de Georges d'Amboise, premier ministre, et Fernando, évêque de Séez. Il leur adjoignit plusieurs théologiens et plusieurs jurisconsultes, parmi lesquels on distinguait Claude de Seyssel, écrivain habile, qui fut depuis évêque de Marseille, ensuite archevêque de Turin.

Afin de conserver une apparence de justice, il fallut bien que leur sentence fût précédée d'une information. Quatre motifs étaient allégués pour établir la nullité du mariage :

1° La contrainte imposée au duc d'Orléans ;

2° La parenté des deux époux ;

3° Leur affinité spirituelle, Louis XI ayant été parrain du premier prince du sang ;

4° Le défaut de conformation qui rendait la femme inhabile aux fins du mariage.

Sur le premier grief, Jeanne répondit avec dignité qu'étant fille d'un roi puissant, sa main n'avait pu être dédaignée, et que la mère du duc d'Orléans avait paru souhaiter vivement cette union.

Quant aux deux autres articles, elle déclara qu'elle avait ignoré à quel degré elle était parente du prince, et qu'en la mariant, son père avait dû savoir ce qu'il faisait.

Venant au dernier motif : « Je sais bien, « disait Jeanne, que je ne suis ni aussi « belle ni aussi bien faite que beaucoup « d'autres, mais je ne m'en crois pas « moins propre aux fins du mariage, ni « plus incapable d'avoir des enfants. Si le « roi, son époux, avait cru avoir quelque « mauvais traitement à redouter, cette « crainte avait été vaine ; en l'admettant «comme fondée, n'avait-il pu s'en plain- «dre sous le règne de Charles VIII? Pou- « vait-il motiver son silence sur le dan- «ger qu'il y aurait à parler? N'avait-il « pas prouvé lui-même que ce danger « n'existait pas, ou qu'il le bravait, en « s'élevant tant de fois, dans le Parlement « et aux États généraux, contre les abus

« du gouvernement, en disputant la ré-
« gence à Mme de Beaujeu, et en faisant la
« guerre au roi? Enfin, quand il serait
« vrai que la violence eût existé, tous les
« sujets de plainte à cet égard ne devaient-
« ils pas être prescrits par une cohabita-
« tion volontaire de vingt-deux ans? Pour
« rendre témoignage à la vérité, elle se
« voyait obligée d'ajouter que le roi avait
« longtemps partagé son lit et usé de tous
« les droits que lui donnait son titre d'é-
« poux. » Et elle affirma sur l'Évangile ce
qu'elle venait de déclarer.

« Qu'on se figure, dit l'historien Gar-
nier, une princesse élevée à l'ombre du
trône, accoutumée à recevoir dès l'enfance des marques de soumission et de
respect, traduite devant des commissaires
en état de suppliante, réduite à entendre
des dépositions désagréables, à recevoir
de la bouche d'un époux, dont elle ne
pouvait encore se détacher, les déclara-
tions les plus formelles du dégoût et de
l'aversion qu'elle lui avait toujours inspi-
rés, osant à peine laisser éclater ses plain-

tes et donner un libre cours à ses larmes, de peur d'aigrir encore davantage celui dont son sort dépendait. Mais, dans cet abandon général, dans cet abîme de douleur, peut-être était-elle moins à plaindre que celui qui causait ses malheurs; car elle avait du moins pour elle son innocence et la fermeté qu'inspire une conscience pure et sans reproche; au lieu que Louis, naturellement juste, quels reproches ne dut-il pas se faire à lui-même lorsque, par la suite d'une procédure odieuse, il se trouvait forcé d'entendre discuter les faits, rappeler des détails qui auraient dû rester ensevelis dans l'ombre du silence; enfin, réduit à profaner en quelque sorte lui-même la majesté du trône et la sainteté de la couche nuptiale, à persécuter, à couvrir de confusion une princesse, sa parente, son épouse, qui, loin de mériter sa haine, lui avait tendu, dans ses malheurs, une main secourable! »

Les juges réservaient à Jeanne un outrage qui passait tout ce qu'elle avait pu redouter : ils ordonnèrent qu'elle serait visitée par des matrones. C'est alors qu'elle retrouva la noble énergie d'une reine ; et, se refusant hautement à subir cette nouvelle humiliation, elle déclara qu'elle n'avait plus rien à ajouter à sa défense ; qu'elle prenait pour juge le roi lui-même, et se soumettait à se voir condamner, s'il attestait les faits allégués contre elle. Il les affirma par serment ; et les évêques prononcèrent que le mariage de Louis XII était et avait toujours été nul, l'autorisèrent à contracter une autre union, et dispensèrent *la défenderesse de payer les frais de la procédure.*

M. Daru a trouvé dans les archives de Nantes et il mentionne deux lettres de la sentence donnée par Philippe, cardinal de Luxembourg, Louis, évêque d'Albi, et Fernando, évêque de Séez, juges délégués du Saint-Siége apostolique pour connaître du mariage d'entre le roi Louis XII et Madame Jeanne de France ; « en laquelle sentence sont insérées au long les raisons des parties, aussi toutes les commissions et bulles touchant ce. Et par icelle sen-

tence est ledit mariage déclaré nul, et permis au roi de se remarier ailleurs ; ladite
sentence prononcée en l'église de Saint-
Denis d'Amboise, le 12 décembre 1498. »

Dans cette affaire, c'est le triomphateur
que l'on plaint; on admire l'infortunée
qui succombe. « Si ce fut bien ou mal
« faict, dit le loyal serviteur qui a écrit les
« Mémoires du chevalier Bayard, Dieu est
«tout seul qui le congnoist. »

Il est à remarquer que les habitants de
Paris, qui n'oubliaient point les faveurs
dont Louis XI avait comblé leur ville,
blâmèrent le divorce du roi et en mar-
quèrent leur mécontentement, comme
d'une injustice criante contre la reine. Il
se trouva même des prédicateurs qui, dans
leurs sermons, n'épargnèrent pas les cen-
sures.

Jeanne reçut avec tranquillité l'arrêt
qui lui ravissait un époux et une couronne.
Elle puisa dans sa piété les consolations
qu'elle aurait vainement demandées au
monde. Le roi, du moins, rendit hommage
à ses vertus : il lui avait cédé, à titre de

douaire, la jouissance du Berry et de plusieurs autres domaines. Elle alla s'établir à Bourges. Là, se réduisant au plus strict nécessaire, vêtue des plus modestes habillements, elle distribuait aux pauvres ses immenses richesses. En 1500, elle institua, dans sa résidence, l'ordre des Annonciades, et mourut en 1504, au milieu des religieuses dont elle était chérie, pleurée des indigents dont elle soulageait les misères, et regrettée de tout un peuple qui lui devait le bonheur. Sa piété constante, son humilité dans les grandeurs, sa résignation dans l'infortune, la font vénérer comme une sainte. Combien de fois, livré sur le trône aux agitations de la politique et de la guerre, Louis XII, même dans la possession de la femme qu'il aimait, dut envier le calme d'une épouse à qui la rupture d'un lien qui lui était cher avait fait trouver un port assuré contre tant d'orages !

Le roi était libre. Dès le 13 septembre 1498, c'est-à-dire, avant que la sentence de divorce eût été prononcée, les dispenses pour un mariage nouveau avaient été signées à Rome. Elles furent même apportées à Paris par César Borgia qui, pour les faire payer plus cher, différait de les reproduire. Louis en fut averti par le nonce, à qui son indiscrétion coûta la vie : il mourut bientôt empoisonné. Ce crime, qui fut imputé à Borgia, ne l'empêcha pas d'être traité avec une grande faveur. Il obtint une pension de vingt mille livres, le duché de Valentinois, et la promesse d'un secours pour l'aider à conquérir la Romagne. La bulle d'Alexandre VI fut publiée, et le roi demanda la main de la veuve de Charles VIII. Cette princesse, voulant sans doute se ménager de meilleures conditions, parut un moment incertaine sur le parti qu'elle devait prendre. Afin de mettre un terme à ses hésitations, Louis partit pour Nantes, et le mariage fut célébré dans cette ville, le 7 janvier 1499, neuf mois, jour pour jour, après le décès du dernier monarque. Par un avantage particulier, Anne de Bretagne se trouva successivement l'épouse de deux rois de France, et, par une bizarrerie non moins singulière, elle ne fut mariée qu'après deux divorces. Elle déclara, dit-on, que si elle avait conservé les enfants nés de sa première union, elle aurait constamment repoussé l'idée de contracter de nouveaux liens.

Charles VIII, en épousant sa vassale, avait dicté les clauses du contrat. Cette fois, c'était à son amant qu'une reine donnait sa main. Aussi la princesse eut-elle soin de profiter de tous ses avantages. Anne prit le titre de *vraye* duchesse de Bretagne. Elle exigea, la veille du mariage, une déclaration du roi, qui garantissait les priviléges de la province. Louis XII, peu soucieux des intérêts de la politique, étranger à toute vue d'ambition, s'engagea à ne rien changer à ce que la reine avait établi dans son duché depuis la mort de son premier époux, et à ne révoquer aucun des officiers nommés par elle. D'après les termes de cette déclaration, les États de Bretagne devaient être régulièrement convoqués ; nul impôt ne pouvait être levé sans leur consentement, ni la noblesse obligée de servir à la guerre hors de la province.

Ainsi la reine qui, sous Charles VIII, n'avait jamais exercé l'autorité souveraine en Bretagne, la reprit et la conserva pendant tout le règne de Louis XII. Jalouse d'en faire un État séparé de celui de la France, elle stipula formellement que, dans les actes qui regarderaient la province, le roi pourrait s'intituler duc de Bretagne; que la monnaie s'y frapperait en son nom, conjointement avec le nom de la reine; qu'après elle, le second enfant qui sortirait de ce mariage, soit mâle, soit femelle, tiendrait cette principauté avec tous les droits dont elle était anciennement en possession; dans le cas où il ne naîtrait qu'un enfant, la même clause de réversion s'accomplirait à l'égard de ses descendants; enfin, si elle mourait sans enfants, le roi ne conserverait que sa vie durant la jouissance de ce duché, lequel retournerait aux plus proches héritiers de la maison de Bretagne. Observons tout de suite que, malgré toutes les précautions de la reine pour détourner la réunion de la Bretagne à la France, cette réunion ne fut pas moins effectuée après la mort de la princesse.

Le second couronnement de la reine eut lieu à Saint-Denis. Cette cérémonie fut accompagnée et suivie de fêtes magnifiques à Paris, comme l'avait été, à Nantes, celle du mariage. A la vue de deux époux si dignes l'un de l'autre, le peuple fit éclater une allégresse d'autant plus grande qu'elle était encore excitée par la diminution d'un dixième sur les impôts, par la promesse d'une réduction plus importante, dès qu'elle serait possible, et par l'exemption totale du droit de joyeux avénement. Dans la crainte de fouler ses sujets, Louis s'était prescrit une économie sévère. On sait que les gens de cour se moquaient de cette économie, et la qualifiaient d'avarice. « J'aime mieux, disait le « roi, voir mes courtisans rire de mon « avarice que mes peuples pleurer de ma « prodigalité. Un bon pasteur, ajoutait-

« il, ne peut trop engraisser son trou-
« peau. » De son côté, la reine, jouissant
d'un revenu considérable, se chargea d'ac-
quitter, au nom du roi, les dettes de la
reconnaissance.

Il n'y avait pas en France un grand capitaine, pas un homme distingué par ses
services, à qui elle ne fît des pensions.
Elle étendit ses bienfaits sur les familles,
présidant à l'éducation des filles de la
principale noblesse, les appelant auprès
d'elle, se plaisant à en être entourée, et
formant une cour où la modestie ajoutait
de nouveaux charmes à la beauté. « Cette
cour, dit un historien, offrait autant de
majesté que d'élégance. La reine avait
une garde particulière, composée de Français et de Bretons ; elle recevait les ambassadeurs, et, dans quelques circonstances,
traitait avec eux comme une princesse indé-
pendante. Son goût pour les lettres la portait à encourager ceux qui les cultivaient ;
elle recherchait les beaux manuscrits ; et
l'on conserve, dans les bibliothèques, des
livres de piété remplis de peintures char-

mantes, qui furent composés pour son usage. »

Ajoutons à ce tableau le portrait que fait d'Anne de Bretagne un auteur contemporain : «A voir son port et sa gravité, il semble que tout le monde soit rien et luy appartienne, et tellement que, de prime face, on a crainte de parler à elle. Mais quand on y a quelque affaire, et on a le moyen de le luy dire, il n'en est aulcune si douce, tant humaine, ne accointable ; et ceux qui y ont affaire, quand ils se départent de sa présence, ils s'en vont tous réjouis, et consolés, et satisfaits, quelle que soit la response qu'ils obtiennent. » Cependant, il faut bien l'avouer, quelques défauts faisaient ombre à tant de belles qualités. Nous verrons que l'âme de la reine ne fut pas toujours fermée au sentiment de la haine, et qu'elle était implacable dans ses vengeances.

Louis XII ne tarda pas à réaliser les projets de prospérité publique qu'il avait formés autrefois dans sa prison. Si la diminution des impôts fut l'objet de ses pre-

miers soins, il s'occupait également des réformes qu'il jugeait nécessaires dans la discipline de l'armée, dans l'administration de la justice, dans l'abus des priviléges de l'Université de Paris. Mais sa sollicitude pour le bien de l'État n'avait pas ralenti ses préparatifs pour la conquête du Milanais. Petit-fils de Valentine de Milan, il regardait ce duché comme son patrimoine. L'histoire est assez remplie des événements de cette funeste expédition, signalée d'abord par des succès aussi brillants que rapides, obscurcie ensuite par des revers qui ne la rendirent pas moins désastreuse que ne l'avait été celle de Charles VIII. Louis XII répandit les bienfaits sur les peuples nouvellement soumis à sa domination. Le chancelier du Milanais, Pierre Sacierge, s'était permis des actes de tyrannie; le monarque se montra sévère envers ce magistrat. «Fallut bien, dit l'historien Saint-
« Gelais, qu'il y eust grande occasion,
« car le roy n'a pas coustume de désap-
« pointer personne, si la forfaicture n'est
« apparente. »

Comblé des bénédictions de la ville de Milan et de toute la Lombardie, il alla visiter Gênes, et y gagna les cœurs par la confiance qu'il témoignait aux habitants, parcourant les rues sans gardes, admettant à sa table des hommes de toutes les classes et se rendant aux invitations qui lui étaient faites par des particuliers. Les Génois, charmés de cette popularité, y répondaient en cherchant à procurer aux Français toute sorte de plaisirs. « Contre « leurs mœurs, dit un contemporain, ils « menoient au bal leurs femmes, leurs « filles et leurs sœurs, pour donner joyeux « passetemps au roy et aux seigneurs. « Ceux-ci, usant de la liberté française, « choisissoient les plus belles, les présen- « toient au roy, en les baisant les pre- « miers pour en faire l'essay, ensuite les « baisoit le roy volontiers, dansoit avec « elles, et prenoit d'elles tout honorable « déduit. » — Jehan d'Autun ou d'Authon, que Louis XII s'était attaché en qualité de *chroniqueur*, a fait connaître la passion dont une de ces beautés s'éprit

pour le monarque français. Voici les termes de son récit :

« Entre autres dames, fut là une dame
« génoise Thomassine Spinola, l'une des
« plus belles de toute l'Italie, laquelle jetta
« souvent ses yeux sur le roy, qui estoit
« un beau prince à merveilles, et moult
« bien emparlé. Tant l'advisa celle dame,
« que, après plusieurs regards, amour,
« qui rien ne doubte, l'enhardit de par-
« ler à luy, et luy dire plusieurs doulces
« paroles. Ce que le roy, comme prince
« très-humain, prinst à gré voluntiers,
« et souvent deviserent ensemble de plu-
« sieurs choses par honneur. Et tant que
« ceste dame se voyant familière de luy,
« une foys entre aultres, le pria très-hum-
« blement que, pour manière d'accointe,
« il luy pleust qu'elle fust son *intendio*,
« et luy le sien, qui est à dire, accointance
« honorable et amiable intelligence. Et
« tout ce luy octroya le roy, dont la no-
« ble dame se teint plus heureuse que
« d'avoir gagné tout l'or du monde, et
« eut ce don si cher que, pour se sentir

« seulement bien voulue du roy, tout aul-
« tre mit en oubly, voire jusques à ne
« vouloir plus coucher avec son mary.
« Ce qui pouvoit donner à penser ce qu'on
« vouldroit ; mais aultre chose, selon le
« vray dire de ceux qui ce pourroient
« mieulx sçavoir, n'y eut que toute pro-
« bité. Ce qui montre que l'*intendio* n'es-
« toit qu'un simple commerce d'amitié,
« qui ne passoit pas les bornes de l'hon-
« nesteté.

« Le départ du roy laissa au cœur des
« Génois un sensible regret de sa personne,
« et entre aultres à la dame Thomassine
« Spinola, qui montra bien, par le dégoust
« de ses larmes, que le cœur en estoit
« marry, en disant que jamais n'oublieroit
« son *intendio* ; ce que ne feit (fit). » —On
ajoute qu'en se quittant, ils résolurent de
s'écrire, et cette correspondance ne finit
qu'avec la vie de Thomassine, lorsque,
trois ans après, lui parvint la fausse nouvelle de la mort du roi. Au bout de huit
jours, elle mourut de douleur. Les Génois
lui firent des obsèques magnifiques, et la

regrettèrent beaucoup, non-seulement à
cause de sa vertu, mais encore et peut-
être plus parce que sa médiation leur était
très-utile auprès du roi.

Il ne faut pas croire cependant que
Louis XII ait jamais trahi l'amour que lui
inspirait Anne de Bretagne. Si cette princesse, par une inflexible opiniâtreté, con-
traria plus d'une fois la douceur naturelle
de son époux, il ne s'en vengeait qu'en
l'appelant *ma Bretonne*. « Au regard de la
« royne Anne, dit Claude de Seyssel, dans
« son *Histoire de Louis XII*, ainsi qu'il
« l'avoit honorée, vivant le roy Charles,
« comme sa dame et princesse, depuis qu'il
« l'a espousée, l'a tousjours tant et si gran-
« dement aymée, estimée et chérie, qu'il
« a mis en elle et reposé tous ses plaisirs
« et toutes ses délices ; ne jamais a esté
« soupçonné d'avoir violé son mariage,
« ne prins plaisir charnel, ne volupté avec
« aultre femme, combien qu'on luy en ayt
« souvent offert de bien belles et plai-
« santes, dont un homme moins ferme et
« constant eust esté bien tenté : et, par

« effect, il ne fut jamais dame mieulx traic-
« tée, ne plus aymée de son mary. Aussy
« certainement elle le mérite bien, car de
« sens et prudence, d'honnesteté, de ve-
« nusté, de courtoysie, de gracieuseté, il
« en est bien peu qui en approchent, moins
« qui soyent semblables, et nulle qui l'ex-
« cède. Et pour sa parfaite félicité en ce
« monde, estoit bien requis au bon roy
« Louys d'avoir une telle compagne; aussy
« les vertus et conditions excellentes d'elle
« méritoient d'avoir pour mary un si grand,
« si noble, si bon et si heureux roy. »

Louis XII poussait les attentions pour
la reine jusqu'à la galanterie. C'est ainsi
que, dans ses conquêtes, il faisait placer le
chiffre d'Anne et les armoiries de Bretagne
à l'entrée des villes qui ouvraient leurs
portes. Cet amour mutuel était, suivant la
remarque de M. Daru, si officiellement
déclaré, que les poëtes de la cour furent
chargés de composer des espèces d'héroïdes
que les deux époux s'envoyaient lorsqu'ils
étaient séparés l'un de l'autre. « C'était une
singulière idée pour un roi âgé de près de

cinquante ans, et pour une reine qui en avait plus de trente, de s'adresser des lettres composées par leurs secrétaires et écrites en vers latins. »

Tant que vécut Charles VIII, Anne de Bretagne, unie, dès l'âge de quatorze ans, à un prince en qui elle ne pouvait reconnaître aucune supériorité de caractère ni de génie, n'avait montré que sa résignation à la contrainte qu'elle avait subie, sa soumission à un époux d'ailleurs peu digne d'elle, et son extrême piété. Subjuguée en quelque sorte devant Mme de Beaujeu, sa belle-sœur, elle se fit un devoir de rester étrangère aux affaires de gouvernement. Mais, devenue femme d'un prince plus âgé qu'elle et qui méritait ses respects autant que son amour, elle sut faire tourner au profit de son ambition l'empire absolu qu'elle exerçait sur le cœur du roi. Alors éclata sa haine contre Louise de Savoie, comtesse d'Angoulême, mère de l'héritier présomptif de la couronne, lequel régna sous le nom de François Ier. Louis XII avait formé le dessein d'unir sa fille, Claude de

France, à ce prince, son petit-neveu. La reine s'opposa constamment à ce mariage : aussi ne put-il être conclu qu'après la mort d'Anne de Bretagne. Toujours dominée par son antipathie à l'égard de Louise de Savoie, Anne avait songé à donner la main de la princesse Claude au comte de Luxembourg, qui fut depuis l'empereur Charles-Quint, héritier des maisons d'Autriche, d'Espagne et de Bourgogne. Par le traité conclu à Trente en 1501, et confirmé à Blois trois ans après, il était stipulé que la future épouse apporterait en dot à son mari la Bretagne, avec la Bourgogne, le comté de Blois, le comté d'Asti, Gênes et le duché de Milan, si le roi ne laissait point de fils de son mariage avec la reine Anne. Il est facile de comprendre combien tout le royaume fut alarmé d'un acte non moins contraire à la dignité qu'aux intérêts de la France. Comment Louis XII avait-il pu condescendre à une négociation qui démembrait la monarchie? A quels reproches n'exposait-il pas sa mémoire, si cet étrange traité se fût accompli! Heureusement le cri

public vint y mettre obstacle : les Etats
généraux de Bretagne représentèrent hautement les inconvénients, disons mieux,
la honte d'une alliance qui exposait leur
province à passer sous la domination d'un
prince étranger. Le résultat de ces représentations fut la rupture des traités faits
avec l'Autriche. Les fiançailles de la fille
du roi avec le jeune duc d'Angoulême,
qu'on appelait aussi le duc de Valois, eurent
lieu le 21 mai 1506.

La reine n'en persista pas moins dans
son opposition, et, pour témoigner le mécontentement que lui causait cette alliance,
elle ne dota sa fille que de cent mille écus,
au lieu de lui assurer la Bretagne. Elle fit
plus : elle se réserva dans le contrat la fa-
culté de disposer de son duché à sa volonté,
si elle avait un fils, dérogeant ainsi au prin-
cipe qu'elle avait elle-même établi, en
épousant le roi, pour que la Bretagne eût
un souverain particulier; preuve qu'elle
tenait moins à garantir l'indépendance de
la Bretagne qu'à exclure de cette souveraineté le fils de Louise de Savoie. Il est

à regretter qu'une princesse douée de tant
de vertus et de nobles qualités ne fût pas
assez maîtresse d'elle-même pour triompher de son ressentiment et le sacrifier au
bien de l'Etat.

En proie à des chagrins multipliés, victime
des artifices et des perfidies du pape, du roi
d'Espagne Ferdinand le Catholique, et de
Henri VIII, roi d'Angleterre, Louis XII
avait à déplorer, avec les revers qui succé-
daient à ses triomphes en Italie, la perte
de son duché de Milan. Tant de sujets d'affliction causèrent au roi une maladie qui
mit ses jours en danger. A cette nouvelle,
la consternation s'empara de tous les cœurs.
« Ce seroit chose incroyable, dit Saint-Ge-
« lais, d'écrire ni raconter les plaintes et
« les regrets qui se faisoient par tout le
« royaume, pour le chagrin que chascun
« avoit du mal de son bon roy : on eust vu
« jour et nuict, à Blois, à Amboise et à
« Tours, et partout ailleurs, hommes et
« femmes aller presque tout nuds par les
« églises, et aux saints lieux, afin d'impétrer
« envers la divine clémence grâce de santé

« à celuy que l'on avoit si grant peur de
« perdre, comme s'il eust esté père de
« chascun. »

Louis était tombé malade au mois d'avril
1504, dans son château de Blois. Sa gué-
rison donna lieu aux réjouissances et aux
fêtes les plus animées dans toutes les parties du royaume. Ce fut sous l'impression
de la joie et de la reconnaissance univer-
selles que les États généraux, assemblés
à Tours le 10 mai 1506, décernèrent à
Louis XII ce beau titre de *Père du Peuple,*
qui lui était donné déjà par l'amour de
toute la nation.

Tant qu'avait duré la maladie du roi,
Anne de Bretagne, dont il était si vérita-
blement aimé, ne le quitta point, lui prodigua tous les soins de l'affection la plus
tendre, et parut, dans les moments de danger, tellement accablée que l'on craignit
qu'elle ne le précédât au tombeau. Toute-
fois, sa prévoyance et sa fermeté d'âme
ne l'avaient point abandonnée. Doit-on
s'étonner qu'une pénétration bien naturelle lui fît envisager d'un coup d'œil les

périls qui la menaçaient dans le cas où elle survivrait à son époux? La couronne n'allait-elle pas appartenir au comte d'Angoulême, qui n'était âgé que de dix ans? N'était-il pas vraisemblable que la régence tomberait aux mains de sa mère, Louise de Savoie, femme intrigante, fausse, ambitieuse, et dont les galanteries contrastaient avec la sévérité de mœurs que professait la reine? Louise pardonnerait-elle à cette princesse de l'avoir éloignée de la cour et reléguée dans le château d'Amboise où le roi lui-même s'abstenait d'aller la voir? Anne de Bretagne éprouvait donc la crainte de dépendre d'une rivale qui ne manquerait pas de faire éclater à son tour les effets de sa haine et de ses ressentiments.

Pendant l'absence du cardinal d'Amboise, premier ministre et ami de Louis XII, ses fonctions étaient exercées par le vicomte de Rohan, plus connu sous le nom de maréchal de Gyé. Ce dernier devait à des succès militaires sous trois règnes, non-seulement cette dignité, mais encore celle de gouverneur de Bretagne et de chef du

Conseil. Il avait, en outre, la surintendance de l'éducation du comte d'Angoulême. La mère du prince était encore jeune et belle. Gyé conçut pour elle une passion qui pourtant n'était point partagée. Averti que la reine faisait embarquer ses richesses sur la Loire, le maréchal, à qui l'état du monarque ne permettait pas de demander des ordres, prend sur lui de faire arrêter les bateaux et de les faire conduire à Saumur. Cette mesure était-elle inspirée par les intérêts de la France, ou par ceux d'une ambition personnelle? C'est ce qu'il est assez difficile d'expliquer. Le roi, revenu à la vie, approuva d'abord la conduite du maréchal, et n'y vit qu'un acte de fidélité. Mais la reine, indignée d'une offense qui devenait une censure dirigée contre sa personne, en demanda vengeance à grands cris. Gyé lui paraissait d'autant plus coupable qu'il était né son sujet. Comment l'épouse de Louis oublia-t-elle l'exemple que lui avait donné le duc d'Orléans en montant sur le trône de France? La souveraine de Bretagne ne devait-elle pas se souvenir qu'elle était reine, et pardonner aussi son injure particulière? Ici l'emportement de la passion n'a plus d'excuse. Le monarque, obsédé par les plaintes d'une femme implacable, se laisse arracher l'ordre d'arrêter le maréchal et d'instruire son procès. L'affaire fut portée d'abord devant le grand Conseil. Gyé se flattait que le témoignage de Louise de Savoie lui serait favorable : elle était la principale cause du péril dont il était menacé. Mais il connaissait peu les motifs qui déterminent souvent les femmes dans les circonstances les plus graves. Louise avait profité de son ascendant sur le maréchal pour obtenir de lui l'acte qui satisfaisait son ressentiment contre la reine; mais, fatiguée de la jalousie d'un homme beaucoup plus âgé qu'elle, et qui avait cru pouvoir aspirer à la main de la mère de son élève, irritée de ce qu'il avait abusé du crédit que lui donnait sa place de gouverneur du jeune François, non-seulement pour éloigner d'elle les personnes dont elle recherchait l'entretien, mais pour faire saisir par les gardes et chasser hon-

teusement Surgères qu'elle semblait préfé-
rer, blessée d'une violence qui provoquait
des soupçons injurieux, elle épiait les oc-
casions de s'en venger. Aussi, dans sa con-
frontation avec le maréchal, Louise désa-
voua tous les ordres qu'il prétendait avoir
reçus d'elle. Confondu par cet acharnement, Gyé s'écria, dit-on : « Si j'avais tou-
« jours servi Dieu comme j'ai servi Ma-
« dame, je n'aurais pas grand compte à
« lui rendre après ma mort. » Cependant
le maréchal aurait peut-être couru risque
de la vie, si le chancelier Guy de Rochefort n'eût traîné l'affaire en longueur, et
adouci les rigueurs de la détention.

Mais la reine s'obstinait à exiger un jugement. Gyé fut traduit devant le Parlement de Toulouse comme coupable de
lèse-majesté et de dilapidations. Les magistrats, étrangers aux passions qui domi-
naient cette procédure, l'examinèrent avec
une attention scrupuleuse, et condamnè-
rent le maréchal pour *réparations de quelques excès, et pour certaines causes et
considérations* ; expressions vagues qui

prouvaient que les juges ne le croyaient pas criminel. Cet arrêt fut rendu le 9 février 1506. Conformément à ses dispositions, Gyé perdit ses gouvernements d'Amboise et d'Angers, sa compagnie de cent lances, fut privé de la garde du comte d'Angoulême, suspendu pour cinq ans de l'office de maréchal, contraint de vivre éloigné de la cour pendant le même temps, à la distance de dix lieues au moins, et condamné, en outre, à restituer la solde de *quinze morte-payes*, qu'il avait employées à la garde de son château de Fronsac. «Ainsi, remarque M. Daru, on évita d'énoncer aucun chef d'accusation, et tout ce qui résultait de l'arrêt, c'était qu'un maréchal de France avait employé à son service particulier quinze hommes soudoyés par le roi.» Gyé se retira dans le château qu'il avait fait construire à Sainte-Croix du Verger, entre Angers et La Flèche, disant «qu'à la bonne heure la pluie l'a-
« vait pris pour le mettre si à propos à
« couvert dans cette belle maison. »

Doit-on croire, avec Brantôme, qu'une

princesse aussi vertueuse que l'était Anne
de Bretagne ait poussé l'excès de la colère
jusqu'à prononcer ces paroles : « La mort
« est le vray remede de tous maux et dou-
« leurs, et qu'estant mort il seroit trop
« heureux. Mais elle voulut qu'il vescust
« bas et ravalé ainsy qu'il avoit esté para-
« vant grand, afin que par sa fortune
« changée de grande et haute où il s'estoit
« veu (vu) en un misérable estat bas, il
« vescust en douleurs et tristesses, qui luy
« feroient plus de mal cent fois que la
« mort mesme ; car la mort ne luy dure-
« roit qu'un jour, voire qu'une heure, et
« ses langueurs qu'il auroit le feroient
« mourir tous les jours. »

Il faut convenir que Brantôme prête là
des sentiments peu chrétiens à une princesse qui, pourtant, professait une grande
piété. Cette piété même dégénérait quelquefois en un zèle fanatique dont la source
était peut-être plus dans les mœurs du
temps que dans le cœur d'Anne de Bretagne. On lui reproche d'avoir sollicité
avec trop d'animosité la loi qui expulsa

les Juifs du royaume et qui fut rigoureu-
sement exécutée. C'est aussi par suite de
son exaltation religieuse que la reine vit
avec chagrin la guerre éclater, en 1510,
entre la France et le pape Jules II. Le fils
aîné de l'Église tirer l'épée contre le père
commun des fidèles, c'était pour Anne un
sujet de scandale et d'alarmes. Par con-
descendance envers son épouse, Louis,
peu soucieux d'être accusé de faiblesse,
consentit à convoquer le clergé du
royaume. « Les questions à résoudre, dit
M. Daru, étaient celles-ci : « Quand le
« pape attaque les États et la personne
« d'un prince, est-il permis au prince
« attaqué de recourir aux armes pour se
« défendre? Un prince chrétien peut-il
« prendre la défense d'un autre prince
« chrétien, son allié, injustement op-
« primé par le pape? Si le pape, en état
« de guerre et sans formalité, excommunie
« le prince qui se défend, cette excommu-
« nication est-elle valable? » « Les évêques,
assemblés à Tours, poursuit l'historien,
résolurent toutes ces questions presque

comme des hommes d'État. La reine fut
très-effrayée de cette hardiesse, et, à son
instigation, les députés du clergé de Bretagne auprès du concile protestèrent contre ses décisions, déclarant qu'ils ne voulaient prendre aucune part aux actes de
cette assemblée, qui tendaient à maintenir les libertés de l'Église gallicane. »

On trouve dans Mézerai un apologue
dont Louis XII se servit, comme unique pu-
nition de l'opposition de la reine : « Autre-
« fois, lui dit-il, les biches étoient armées de
« cornes comme les cerfs; elles furent ten-
« tées de s'en prévaloir pour dominer; le
« Ciel les en punit, en les privant de leurs
« cornes. Pensez-vous, ajoutait-il, être plus
« savante que toutes les Universités qui sont
« d'accord avec le concile? Et vos confes-
« seurs ne vous ont-ils pas appris que les
« femmes n'ont point voix dans l'Église? »
La guerre eut lieu malgré les scrupules de
la reine.

Mais on aime à retrouver dans cette
princesse l'énergie et la dignité de son caractère, à l'occasion des hostilités commi-

ses, en 1512, par les Anglais, sur les côtes de Bretagne. Anne fit armer, dans le port de Brest, une flotte dont le principal vaisseau, d'une grandeur extraordinaire, portait cent canons et douze cents hommes. Il avait été construit aux frais de la reine, qui lui donna le nom de *la Cordelière*, en l'honneur de l'ordre de chevalerie institué par elle sous ce titre. Primauquet, capitaine breton, commandait ce navire. Avec une vingtaine de bâtiments, il se jette au milieu de la flotte anglaise, forte de quarante vaisseaux; mais, se voyant dans l'impuissance de résister au nombre, Primauquet, résolu de vendre chèrement sa vie, accroche le vaisseau *la Régente d'Angleterre*, met le feu aux poudres du sien, qui crève en sautant et fait couler bas l'amiral anglais. Cette action héroïque se passa le 10 août 1513. Dans cette guerre, la Bretagne avait bien mérité de la France. La reine en profita pour obtenir la restitution du comté d'Etampes, confisqué autrefois sur son père, le duc François II. Les lettres patentes qui ordonnent cette restitution ne furent enregistrées au Parlement de Paris que sous la condition que ce comté ne sortirait pas de la descendance du roi et de la reine.

Cependant de longs revers continuaient à obscurcir la gloire des armes de France. La valeur des La Trémouille, des Bayard et de tant d'autres illustres capitaines n'avait pu balancer les efforts de presque toute l'Europe liguée contre Louis XII. Aux désastres publics s'était joint pour ce monarque un malheur particulier dont son âme fut déchirée : il avait eu à pleurer la mort d'un neveu chéri, Gaston de Foix, duc de Nemours, expiré, en 1512, à l'âge de vingt-trois ans, sur les lauriers que ce héros venait de cueillir dans les champs de Ravenne. Anne de Bretagne partageait tous les chagrins de son époux. Attaquée depuis longtemps d'une maladie très-douloureuse, qu'aggravait encore l'idée désespérante pour tous deux de ne pouvoir plus faire avantageusement ni la paix ni la guerre, cette princesse ne résista pas aux angoisses que lui causaient les calamités du royaume. Elle mourut le 9 janvier 1514, n'étant âgée que de trente-sept ans. Ainsi se termina une vie dont le commencement et la fin avaient été remplis d'amertume. Au rapport de tous les historiens, Louis XII parut accablé de ce nouveau malheur, auquel l'âge de la reine ne l'avait point préparé. Contre l'usage des rois de France, il prit le deuil en noir, et se déroba pendant plusieurs jours aux regards de ses sujets, dont l'amour pouvait seul lui offrir quelque consolation.

Brantôme raconte, d'après une vieille histoire de France, qu'il voyait traîner en un cabinet de sa maison, les magnifiques funérailles de la reine Anne de Bretagne. Ce récit, que nous empruntous à l'auteur, fait connaître sur cette matière des usages qui doivent remonter plus haut que le seizième siècle et qui se sont perpétués jusqu'à nos jours.

« Cette reyne estoit une honnorable et « vertueuse reyne et fort sage, la vraye « mère des pauvres, le support des gentils- « hommes, le recueil des dames et damoi-

« selles et honnestes filles, et le refuge des
« sçavants hommes : aussi tout le peuple
« de France ne se peut saouler de la plorer
« et regretter.

« Elle mourut au chasteau de Blois, sur
« l'accomplissement d'une chose qu'elle
« avoit la plus désirée, qui estoit l'union
« du roy, son seigneur, et du pape et de
« l'Église romaine, en abhorrant fort le
« scisme et la division. Aussi elle ne cessa
« jamais après le roy, qu'il ne s'y remist,
« dont elle estoit fort aimée, et reverée
« grandement des princes et prélats ca-
« tholiques, autant que le roy en estoit hay.

« J'ay veu à Saint-Denys d'autresfois
« une grant chape d'église, toute cou-
« verte de perles en broderie qu'elle avoit
« fait faire exprès pour en faire un présent
« au pape; mais la mort la prévint. Après
« son trespas, son corps demeura par l'es-
« pace de trois jours, dans sa chambre, le
« visage tout descouvert, qui ne se mons-
« troit nullement changé par l'hideuse
« mort, mais aussi beau et agréable que
« durant son vivant.

« Et à l'entour de ce corps y avoit douze
« gros cierges de cire blanche, tous allu-
« mez, tousjours jusques à ce qu'il fust
« embaumé et mis en un très-riche cer-
« cueil, et puis fut mis en la grant salle
« pour aulcuns jours, accompagné tous-
« jours de cierges et flambeaux et de tou-
« tes sortes de prestres.

« Le vendredy vingt-septième jour du
« mois de janvier, fut son corps tiré hors
« du chasteau, fort honnorablement ac-
« compagné de tous les prestres et reli-
« gieux de la ville, porté par gens vestus
« de deuil et chaperons en teste, avec
« vingt quatre plus grosses torches que
« les autres, portées par vingt quatre offi-
« ciers de l'estat de ladicte dame, et en cha-
« cune d'icelles toutes avoit deux riches
« escus armoyez des armes et honneste
« blason d'icelle noble dame. En après
« lesdites torches estoient les reverends
« seigneurs et preslats, evesques, abbez,
« et M. le cardinal de Luxembourg pour
« faire ledit office, lequel leva le corps de
« ladicte dame du chasteau de Blois.

« Puis marchoient les huissiers en or-
« dre, tous vestus de robbes noires et cha-
« perons de deuil. En après marchoient le
« capitaine messire Gabriel de la Chastre
« et ses archiers, le seigneur de Concres-
« sault Chastaing et Latour, accompagnez
« de leurs archiers.

« Après estoient les roys et heraults d'ar-
« mes revestus de leurs cottes et blasons
« d'armoirie. A la main droicte mar-
« choient le premier maistre d'hostel et
« les aultres ; à la main senestre estoient
« les maistres des requestes, et consequem-
« ment marchoit le grand escuyer de la-
« dite dame ; car elle avoit sa grand' es-
« cuyrie et son grand escuyer comme le
« roy Charles au royaume de Naples, mais
« il n'especifie point le nom. Son corps
« estoit porté de ses gentilshommes et
« officiers. Les coins ou carrez du drap
« qui estoit sur le corps estoient portez
« par le seigneur Sainct-Pol, le seigneur
« de Lautrec, le seigneur de Laval et
« Louis M. de Nevers. Ceux qui portoient
« le poisle dudict corps estoient le sei-

« gneur de Penthievre, le seigneur de
« Chasteaubriant, Pierre M. de Candale et
« le seigneur de Montafilant.

« Et après estoit le seigneur de Gri-
« gnaux, chevalier d'honneur de ladicte
« reyne.

« Et à mener le grand deuil estoit le
« seigneur d'Angoulesme,

« Le seigneur d'Allançou,

« Le seigneur de Vendosme,

« La dame de Bourbon,

« La dame d'Angoulesme,

« Et la dame d'Allançon.

« Et après icelle la dame de Mailly, dame
« d'honneur de ladicte reyne.

« Et après alloient toutes les dames et
« damoiselles et filles d'honneur, honnes-
« tement vestues de robbes noires et de
« deuil.

« En après marchoit le duc d'Albanie
« avec les ambassadeurs et les seigneurs
« barons de Bretagne, et aultres plusieurs
« notables seigneurs, chambellans et offi-
« ciers, ainsi qu'ils devoient aller, et chas-
« cun mis en son ordre. Enfin, fut ledict

« corps ainsi porté en l'église de Sainct-
« sauveur, et là ne prit aulcun sa place,
« fors qu'il estoit ordonné par ceux qui en
« avoient la charge et les maistres des cere-
« monies. Et furent dittes Vigilles. Et le
« lendemain qui estoit sabmedy, fut faict
« un service fort solemnel par plusieurs
« prelatz, et ne furent à l'offrande, fors
« M. d'Angoulesme et M. d'Allançon, aux-
« quelz furent portées leurs offrandes par
« les roys d'armes Montjoye et Bretagne.

« Et après le service accompli, chascun
« s'en alla disner, et apès disner partit le
« corps hors la ville avec tout le luminaire
« et estat dessus dict, et tousjours ainsi hon-
« norablement accompagné en ce beau et
« devot ordre jusques au lieu de la sepul-
« ture et tousjours vigilles, et le lendemain
« messes en tous les lieux et villes et places
« ledict corps et la compagnie arrivoient
« où le soir au giste, et tant que le dimanche
« septuagesisme, douzieme de febvrier,
« parvindrent jusques en l'eglise Nostre-
« Dame des Champs aux fauxbourgs de
« Paris, là où le corps fut gardé par deux

« nuicts avec moult grand' quantité de
« luminaires, et le service devot faict, le
« mardy ensuivant, quatorzieme de feb-
« vrier, furent au devant du corps les pro-
« cessions avec les croix de toutes les
« églises et religions (couvents) de Paris, et
« toute l'Université ensemble.

« Aussi les présidents et conseillers de la
« souveraine Court de Parlement, et ge-
« neralement toutes les aultres Courts et
« jurisdictions, officiers et advocats, pro-
« cureurs, bourgeois, marchands et habi-
« tants, et aultres menus officiers de la
« ville, lesquelz eux tous accompagnerent
« iceluy corps moult reveremment, avec
« les très-nobles seigneurs et dames de
« l'estat dessus dict, ainsi qu'ils partirent
« de Bloys, et chascun tousjours en bel
« ordre entre eux, tous selon leurs degrez.
« Et devant le corps entrerent à Paris par
« la porte Sainct-Jacques, les pages d'hon-
« neur nuds testes, et tous vestus de vel-
« lours noir et chaperons de deuil, montez
« sur des coursiers et chevaux bardez de
« vellours jusques en terre, à grand' croix

« de satin blanc dessus, et puis un cheval
« d'honneur et hacquenée accoustrez de
« mesme.

« Estoient ainsi menez et conduicts par
« les laisses, qui est à dire menez en main,
« et le charriot qui avoit emmené le corps
« de ladicte dame jusques auxdicts faux-
« bourgs de Paris, avecques six chevaux
« enharnachez et couverts de mesme vel-
« lours, à grandes croix de satin blanc ; le
« charriot estoit aussi couvert de vellours,
« à une grand' croix de mesme ; et les
« quatre coins honnestement portez par
« quatre seigneurs, et si estoient les char-
« retiers et pallefreniers vestus de vellours
« et chaperons de deuil.

« L'effigie et représentation de la reyne
« estoit posée dessus son corps, et tout
« portée par plusieurs gentilshommes des-
« sus une litière de bois toute couverte d'un
« riche drap d'or, traict et eslevé, fourré
« et enrichy d'hermines. Ladicte effigie
« estoit moult richement accoustrée, ves-
« tue dessoubs une cotte de drap d'or, et
« dessus un grand surcot de vellours cra-

« moisy de pourpre fourré d'hermines ;
« une couronne mise en son chef déssus
« ung coissin de drap d'or; ung sceptre
« estoit en sa main droicte, et en sa se-
« nestre tenoit une main de justice, et
« audessus estoit porté un riche poisle
« bleuf en manière de ciel, semé à l'entour
« d'escus de France et de Bretagne, et
« estoit porté par les quatre présidents de
« la Court de Parlement et des dessusdicts
« seigneurs et dames portants le deuil
« après le corps ; et ainsi fut conduict
« jusques à la grand-église de Notre-Dame
« de Paris, où fut faict ung moult solem-
« nel service. Le lendemain, qui estoit
« mercredy, quinzieme de febvrier, fut
« ainsy continuellement porté hors Paris,
« en l'ordre et manière que dessus, pour
« estre sepulturé en la devote eglise de
« Sainct Denys en France; et ainsy furent
« les processions de Paris pour conduire
« le corps juqres à une croix qui est un
« peu par delà le lieu ou faict la foyre du
« landit, et en ce lieu où est la croix.

« Le reverend pere en Dieu abbé et ve-

« nerables religieux, avec les prestres des
« eglises et paroisses de Sainct-Denys ,
« vestus de leurs grandes chappes, avec
« leurs croix, ensemble les manants et
« habitants de ladicte ville , vindrent en
« procession pour recevoir le corps de
« ladicte reyne, lequel fut porté en l'église
« de Sainct-Denys, et tousjours accompa-
« gné honnorablement des dessus nommez
« très-nobles princes et princesses, sei-
« gneurs, dames et damoiselles, et le train
« ainsy que dessus.

« Le divin service fut faict pour l'ame
« de ladicte dame par le cardinal du Mans,
« et firent l'office de diacre et soubsdiacre
« les Archevesques de Lyon et de Sens,
« accompagnez des abbez de Saincte-Ge-
« neviefve et Sainct-Magloyre; et en ce
« devot service assisterent tousjours les
« dessus nommez princes et princesses,
« seigneurs, dames et damoiselles, ung
« chascun selon l'ordonnance des mais-
« tres et conducteurs des ceremonies, et
« amprès le service, fut faict et presché
« un beau sermon par le venerable con-

« fesseur du roy, maistre Parvy, docteur
« fameux ès sacrez volumes. Et le tout
« duement accomply, le corps de ladicte
« dame, madame Anne, en son vivant très-
« noble reyne de France, duchesse de Bre-
« tagne et comtesse d'Estampes, fut hon-
« norablement inhumé et ensepulturé de-
« dans le sepulchre à elle préparé.

« Après, le herault d'armes, dict Bre-
« tagne, appella tous les princes, officiers
« d'icelle dame, c'est à sçavoir, le cheva-
« lier d'honneur, le grand maistre d'hostel
« et aultres, pour eux tous et ung chascun
« d'eux, accomplir leurs offices envers le-
« dict corps, ce qu'ilz feirent moult pi-
« teusement et jettant larmes de leurs
« yeulx. Et, ce faict, le prenommé roy
« d'armes cria par trois fois à haulte voix
« moult piteusement : La tres chrestienne
« reyne de France, duchesse de Bretagne,
« nostre dame souveraine, est morte; et
« puis ung chascun s'en alla. Le corps
« demeura ensepulturé.

« Durant sa vie et après sa mort elle fut
« honnorée de tels titres comme j'ay dict :

« la vraye mère des pauvres, le confort
« des nobles gentilshommes, le recueil des
« dames et damoiselles et honnestes filles,
« et le refuge des sçavants hommes et de
« bonne vie ; si bien que, parlant d'elle
« morte, on disoit que c'estoit autant
« renouveller de deuilz et regretz pour
« toutes ces personnes et aussi pour ses
« serviteurs domestiques, qu'elle aimoit
« uniquement. Elle fut fort religieuse et
« devote. Ce fut elle qui la première fit
« la fondation des Bonshommes, dicts au-
« trement Minimes, et en accommença
« l'église desdicts Bonshommes près de
« Paris, et puis auprès celle de Rome, qui
« est si belle et noble, et où j'ay veu qu'il
« n'y avoit de receus aulcuns religieux
« que François.

« Voilà de mot en mot, ajoute Bran-
« tôme, les superbes obsèques de cette
« reyne, sans rien changer de l'original,
« depeur de faillir, ne pouvant dire mieulx.
« Il ne se faut esbahir si le roy la regretta
« et en demeura en tel deuil qu'il en cuida
« mourir au bois de Vincennes, et s'ha-

« billa fort long-temps de noir et toute sa
« court ; et ceux qui venoient autrement
« les en faisoit chasser, et n'eust point
« ouy ambassadeur quel qu'il fust, qu'il ne
« fust habillé de noir. Et dit bien plus
« cette vieille histoire que j'ay alléguée,
« que, lorsqu'il donna sa fille à M. d'An-
« goulesme, depuis le roy François, le
« deuil ne fut nullement quitté ne laissé
« en sa court ; et le jour qu'ilz furent es-
« pousez dans la chapelle de Sainct-Ger-
« main en Laye, le marié et la mariée
« n'estoient vestus et habillez, ce dit l'his-
« toire, que de drap noir, honnestement
« et en forme de deuil, pour le trespas de
« la susdicte reyne madame Anne de Breta-
« gne, mère de la mariée, en présence du
« roy son père, accompagné de tous les
« princes du sang et nobles seigneurs et
« prélats, princesses, dames et damoiselles,
« tous vestus de drap noir en forme de
« deuil. »

« Par là, reprend Brantôme, cognoist-on
si ceste princesse estoit aymée du roy son
mary, qui quelquefois, en ses goguettes et

gayetez, l'appeloit le plus souvent sa Bretonne.

« Si elle eust vescu plus long-temps, elle n'eust jamais consenti à ce mariage dessus dict, et souvent y avoit bien répugné et desdit le roy son mary, d'autant qu'elle hayssoit mortellement madame d'Angoulesme, n'estant leurs humeurs gueres semblables et peu accordantes ensemble.

« Le roy Louis fut après content de se marier pour la troisième fois avec la reyne Marie, sœur du roy d'Angleterre, très-belle princesse, jeune, et trop pour luy, dont mal luy en prist, et se maria plus par nécessité et pour faire paix avecques l'Anglois, et mettre son royaume en repos, que pour aultre chose, ne pouvant oublier jamais sa reyne Anne. Aussi commanda-il, à sa mort, qu'ilz fussent couverts tous deux soubs mesme tombeau, ainsi qu'on le voit à Sainct-Denys, tout de marbre blanc, aussi beau et superbe qu'il en soit point là. »

Louis XII ne jouit que bien peu de temps

des charmes de sa nouvelle et jeune épouse. Les noces de Marie d'Angleterre s'étaient faites à Abbeville, le 9 octobre 1514, et le roi mourut, moins de trois mois après, le 1er janvier 1515, en pressant dans ses bras François, son fils adoptif, l'époux de sa fille, et en lui disant : « Mon « fils, je me meurs, je vous recommande « mes sujets. »

Jamais douleur pareille n'avait éclaté dans tout le royaume. Au milieu des campagnes, comme au sein des villes, on s'abordait les larmes aux yeux, et l'on ne prononçait que ces mots : « *Nous avons* « *perdu notre père.* » En effet, quelles traces ne devait pas laisser, dans la mémoire des peuples, l'administration paternelle de ce roi, qui, non content d'avoir payé de ses fonds les funérailles de son prédécesseur, d'avoir refusé, à titre de joyeux avénement, un don gratuit de trois cent mille livres, avait réduit les impôts d'un dixième, annoncé qu'il les diminuerait chaque année, jusqu'à ce qu'ils ne se montassent plus qu'à la somme fixée par les derniers États de Tours, et déclaré que les cahiers de ces États seraient désormais la règle de sa conduite ; de ce roi qui avait établi les réformes les plus utiles dans la magistrature et dans l'armée, qui recherchait les hommes de mérite, dans quelque rang qu'ils fussent, quelque soin qu'ils prissent de se dérober aux regards ; auprès de qui l'intrigue, la faveur, les sollicitations des femmes n'avaient aucune influence sur les choix ; de ce roi qui, dans ses voyages et par tous les lieux où il passait, « voyoit, dit Saint-Gelais, les gens et hommes et femmes s'assembler de toutes parts, courir après lui trois ou quatre lieues, et quand ils pouvoient atteindre à toucher à sa mule, ou à sa robe, ou à quelque chose du sien, baisoient leurs mains et s'en frottoient le visage, d'aussi grande dévotion qu'ils eussent fait d'aucun reliquaire. » Et, comme remarque un autre historien, « ce n'était point là un engouement passager, puisqu'au moment où éclatèrent ces démonstrations, Louis régnait depuis douze ans. » « Il finit sa vie, par manière de dire, dans son lit nuptial, et passa, remarque Mézeraï, des joies de ce monde à celles du paradis ; il mourut dans le palais des Tournelles, à l'âge de cinquante-cinq ans et le dix-septième de son règne. »

Parmi les auteurs qui ont écrit sur Louis XII, il en est un que nous avons cité plus d'une fois, parce qu'il fut contemporain de ce monarque : c'est Claude de Seyssel, né à Aix, en Savoie, vers le milieu du quinzième siècle. Son mérite l'avait fait distinguer par le cardinal Georges d'Amboise, qui l'attira à la cour du roi dont il était le principal ministre et l'ami. Seyssel, accueilli de la manière la plus flatteuse, justifia tellement la confiance de ses deux protecteurs, qu'il parvint aux plus hautes dignités, remplit les fonctions d'ambassadeur auprès du roi d'Angleterre, Henri VII, puis à la diète de Trèves et au concile de Latran, et fut promu à l'évêché de Marseille. Après la mort de Louis, il rentra dans les États de son premier souverain, le duc de Savoie, qui le fit archevêque de

Turin. Non-seulement Seyssel a écrit l'histoire de Louis XII, mais il a composé sur la *Monarchie de France* un ouvrage d'autant plus précieux que les emplois qu'il avait occupés le mettaient plus à portée que personne d'étudier et de connaître les anciennes institutions politiques du royaume. Il est curieux, en remontant à quatre siècles, de trouver, dans un auteur étranger, des documents qui, d'avance, ont réfuté bien des déclamations modernes, dictées par l'ignorance ou par la mauvaise foi. A ceux qui contestent l'existence et qui nient les développements des principes de cette ancienne constitution française, Claude de Seyssel a déjà, depuis près de quatre cents ans, répondu par des raisons dont nous puisons la substance dans la judicieuse analyse qu'en a publiée M. Petitot.

Depuis que l'abaissement des seigneurs les avait mis hors d'état de troubler le royaume, la balance des pouvoirs était sagement établie; aucun ne pouvait empiéter sur l'autre, et l'autorité royale, toute-puissante pour faire le bien, était renfermée dans les bornes qui conviennent à une monarchie tempérée. Au premier rang des conseillers de la couronne se plaçaient les États généraux et les Parlements. Les premiers, représentant les trois ordres, clergé, noblesse et tiers état, n'étaient convoqués et réunis que dans des circonstances difficiles ; ils consentaient librement l'impôt, et pouvaient faire des doléances. Moins puissants, mais composés de magistrats inamovibles, dont les fonctions n'étaient jamais interrompues, les Parlements enregistraient les édits ; souvent, ils faisaient des remontrances avant d'obtempérer. Ces deux grands corps formaient une opposition propre à prévenir les abus; mais n'ayant jamais l'initiative, ils ne pouvaient bouleverser le royaume.

Après eux, venaient deux sortes de Conseils : *le Conseil ordinaire*, composé de dix à douze personnes, assistait le roi dans l'administration générale; *le Conseil secret*, moins nombreux, et dont les membres

étaient pris habituellement dans le Conseil
ordinaire, s'occupaient des affaires que
leur importance ne permettait pas de livrer à la publicité.

« Si un roy, dit Seyssel, faict choses ty-
« ranniques, il est loisible à ung chascun
« prélat, ou à aultre homme religieux, bien
« vivant et ayant estime envers le peuple,
« le luy remontrer et incréper, et à ung
« simple prescheur le reprendre et arguer
« publiquement et en sa barbe ; et si, ne
« l'oseroit le roy pour cela maltraicter ne
« luy meffaire, encores qu'il en eust vo-
« lonté, pour non provoquer la malveillance
« et indignation du peuple. Ce qui n'est
« en aultre royaume que l'on sache, à tout
« le moins de telle sorte. »

Les Parlements n'avaient pas moins de
force. Juges souverains dans les affaires ci-
viles, ils voyaient les monarques eux-mêmes
soumis à leurs arrêts : « D'autant, continue
« Seyssel, est icelle justice plus auctorisée
« que les officiers sont perpétuels, et n'est
« en la puissance des roys de les deposer,
« sinon pour forfaicture, dont il advient

« qu'iceulx juges et officiers, sçachant non
« pouvoir estre deposés, s'ils ne mesfont,
« plus asseureement s'acquittent à l'exer-
« cice de la justice. »

Prévoyant qu'un monarque prodigue
peut épuiser les peuples et ruiner l'Etat,
les anciennes lois avaient établi un tribunal suprême de finances pour arrêter ces
dépenses folles. Ainsi, quoique les rois,
comme administrateurs temporels de l'E-
tat, pussent disposer de ses revenus, cependant leurs dépenses ordinaires et extraordinaires devaient être vérifiées par la
Chambre des comptes, qui avait le pouvoir de retrancher celles qu'elle trouvait
excessives. Cette Chambre veillait en même
temps à la conservation du domaine royal,
qui pourvoyait à la dépense personnelle
du prince, et dont le produit n'aurait pu
être remplacé que par des impôts.

« Les roys, dit encore Seyssel, sont plus
« à louer et à priser de ce qu'ils veulent,
« en si grande auctorité et puissance, estre
« subjects à leurs propres loix, et vivre se-
« lon icelles, que s'ils pouvoient, à leur

« volonté, user de puissance absolue : et si
« faict ceste leur bonté et tolerance, que
« leur auctorité monarchique, estant reglée
« par les moyens que dessus, participe
« aulcunement de l'aristocratique, ce qui
« la rend plus accomplie et absolue, et
« encores plus ferme et perdurable. »

Le clergé jouissait de riches bénéfices
et de grands priviléges ; mais, outre qu'il
était très-respecté, comme les hommes de
toutes les classes pouvaient y entrer, et
qu'en général le mérite seul élevait aux
dignités ecclésiastiques, ses prérogatives
inspiraient moins d'envie que d'émulation.
Ecoutons notre auteur :

« A la manière de vivre qui est en France,
« on a vu et l'on voit tous les jours, par
« vertu et science, autant ou plus souvent
« parvenir ceulx des dernieres classes aux
« grandes dignités de l'Eglise, que ceulx
« de la première, voire jusques au cardina-
« lat, et aulcunes fois à la papauté, qui est
« un grand moyen pour contenter tous
« les estats, et pour les inciter et stimuler
« d'eulx exercer en vertu et en science. »

La noblesse devait gratuitement ses services à l'Etat; elle ne pouvait exercer arts mécaniques ni *questuaires* : c'est pour ce double motif qu'elle était franche de toutes gabelles, tailles et impositions. Les gentilshommes avaient le droit de porter les armes jusque dans la chambre du roi, parce qu'ils étaient considérés comme les défenseurs du monarque et de la monarchie.

Au premier coup d'œil, on peut croire que cet ordre, joignant à ses grands priviléges ce qui lui restait encore des prérogatives de la féodalité, devait être odieux aux classes inférieures; mais Seyssel fait observer que les lois, et surtout les usages, avaient amplement dédommagé ces dernières. La bourgeoisie se partageait en haute et moyenne : la haute bourgeoisie possédait les offices de judicature et de finance, qui lui donnaient une grande prépondérance dans la société. La noblesse n'en était pas écartée, mais, en général, elle préférait la carrière des armes, où elle ne trouvait que de grands dangers, sans presque aucun profit. La moyenne bourgeoisie se composait des marchands et des gens de loi; elle passait très-facilement dans l'autre classe, pour peu qu'elle eût d'aisance et de talent.

La haute bourgeoisie avait besoin d'une ordonnance spéciale du roi, pour passer dans l'ordre de la noblesse. Cette faveur était le prix de grands services rendus à l'Etat; elle devenait très-commune lorsque, pendant une longue guerre, une partie de la noblesse avait été moissonnée. Ce passage était le but de l'émulation des familles principales de la bourgeoisie; il n'y avait d'exclusion pour aucune, et toutes y prétendaient sans agitation : « laquelle espé-
« rance, dit Seyssel, fait qu'un chascun se
« contente de son estat, et n'a occasion
« de machiner contre les aultres, sçachant
« que, par bons moyens et licites, il y peut
« parvenir, et qu'il se mettroit en danger,
« s'il y vouloit venir par une aultre voie.
« Là où, s'il n'y avoit espérance de monter
« de l'un à l'aultre, ou qu'il fust trop dif-
« ficile, ceulx qui ont le cœur trop grand

« pourroient induire les aultres du mesme
« estat à conspirer contre les estats plus
« eslevés. Mais la facilité y est telle, qu'on
« voit tous les jours autant de l'estat popu-
« laire monter par degrés jusques à celuy
« de noblesse, et à la moyenne bourgeoisie
« sans nombre. »

Le même écrivain récapitule les avantages de cette combinaison à l'égard de la
tranquillité publique et de la stabilité des
institutions : « Si quelque désordre, dit-il,
« vient de l'un des estats, les remèdes y sont
« plus aisés qu'ailleurs nulle part; car, si
« l'estat de noblesse, qui a les armes, veult
« oultrager l'un des aultres deux, en uni-
« versel ou particulier, il y a la justice qui
« l'en garde et le chastie, laquelle a aucto-
« rité, moyennant le congé du prince, qui
« ne le refuse, quand il est requis de mettre
« la force sus contre les rebelles, tellement
« qu'il n'y a si grand, soit prince ou aultre,
« qui ne soit contraint d'y obéir. Et pa-
« reillement, si l'estat populaire, qui est
« le plus grand en nombre, se vouloit re-
« beller, comme aultrefois a faict, la no-

« blesse est si puissante avec la justice, et
« iceluy peuple si débile au faict des armes,
« qu'il se peult aiseement ranger et remettre
« en son devoir, dont il advient que chas-
« cun desdits estats se tient en ses termes,
« estant traicté de sorte qu'il a cause de soy
« contenter; et cognoissant que, s'il vou-
« loit soy deriver, ne le pourroit bonnement
« faire, et se mettroit en trop grand hazard.
« Donc, par ce moyen, ils ne pensent fors
« à vivre en bonne justice et en bons ac-
« cords les uns avec les aultres, et surtout
« en obéissance du roy, lequel, pour raison
« de ce, tous ses subjets ont en amour et
« révérence singuliere. »

On sent que ces derniers mots s'appli-
quent naturellement à Louis XII. En effet,
les principes de l'ancienne Constitution
française ne furent jamais mieux observés
que sous son règne : c'est le témoignage
que lui rendent tous les auteurs contemporains. Jamais aussi l'on ne jouit en
France d'une plus grande liberté. « Les
« François, dit encore Seyssel dans l'his-
« toire de ce bon roi, ont tousjours eu li-

« berté de parler à leur volonté de toutes
« gens et mesme de leurs princes, non après
« leur mort tant seulement, mais encores
« de leur vivant et en leur présence. »

Ajoutons, avec M. Petitot, que sous
Louis XII, non-seulement les lois n'éprou-
vèrent aucune atteinte, et que chacun usa
des droits qui lui étaient assurés par la
Constitution, mais que ce prince éclaira
son peuple, favorisa les lettres et prépara
les progrès surprenants qu'elles firent sous
son successeur. Il réservait une partie des
bénéfices aux savants ; il croyait honorer
la France, aux yeux de l'étranger, en les
employant dans les ambassades. Il encou-
ragea spécialement l'étude du grec, et
combla de bienfaits Jean Lascaris, ainsi que
Démétrius, auxquels il confia des chaires
dans les Universités de Paris et de Pavie.
Instruit que les hommes chargés de l'ensei-
gnement dans son royaume, ne parlaient
pas un latin aussi pur que les savants d'I-
talie, il fit venir les professeurs les plus célèbres de ce pays, qui bientôt formèrent des
élèves en état de marcher sur les traces de

leurs maîtres. « Ainsy, comme l'observe
« Seyssel, peu à peu alloit se perdant l'an-
« cienne barbarie. »

Les nombreuses citations que nous
avons empruntées à ce docte prélat prou-
vent suffisamment la vérité de cette remarque de La Monnoye, «que la louange
la mieux fondée qu'on puisse donner à
Claude de Seyssel, est d'avoir le premier
commencé à écrire avec netteté la langue
françoise. »

Anne de France survivait, depuis vingt
ans, à son époux Pierre de Beaujeu, devenu duc de Bourbon par la mort de son
frère aîné, qu'il suivit au tombeau en 1503.
Le duc Pierre avait, de concert avec Mme de
Beaujeu, fait éclater autant de sagesse que
d'intégrité dans le gouvernement de la
France, pendant les huit premières années
du règne de Charles VIII, son beau-frère.
On l'avait surnommé *le prince de la paix
et de la concorde*. En lui finit la branche
aînée de la maison de Bourbon, après
avoir subsisté plus de deux siècles avec
une gloire qui alla sans cesse en augmen-

tant. La duchesse douairière avait fixé son
séjour à Moulins, déployant, dans l'administration de ses vastes domaines, la
même supériorité de raison et de fermeté
qui la fit admirer lorsqu'elle tenait les
rênes de l'État; conservant toute sa vie
cet extérieur de majesté qui révélait qu'elle
était née sur les marches du trône, et
faisant de ses richesses l'usage le plus généreux. Sa fille unique, Suzanne de Bourbon, avait épousé le comte de Bourbon-
Montpensier, Charles III, qui fut depuis
le fameux connétable de Bourbon. Ce
prince joignait à tous les dons de la nature un génie élevé, un courage invincible et les talents faits pour séduire et cap-
tiver les esprits. Les grâces martiales de
Bourbon ne purent échapper aux regards
et aux désirs de la mère de François Ier.
Louise, fille de Philippe, comte de Bresse,
puis duc de Savoie, et de Marguerite de
Bourbon, était née le 14 septembre 1476.
Mariée, dès l'âge de douze ans, à Charles
d'Orléans, comte d'Angoulême, devenue
veuve à dix-huit ans, elle vécut retirée

dans le château de Cognac, où la retenait la sombre politique de Louis XI. « Prin-
« cesse, dit Brantôme, très-belle de visage
« et de taille, si qu'à grand' peine on
« voyoit à la cour plus riche qu'elle. »

Louis XII, parvenu au trône, rappela Louise à la cour avec le jeune comte d'Angoulême, auquel il destinait sa fille Claude en mariage. De l'opposition que, durant toute sa vie, Anne de Bretagne ne cessa de mettre à cette union, naquit une antipathie profonde entre ces deux prin-cesses. François Ier, devenu roi, et partant pour l'Italie, en 1515, nomma sa mère régente du royaume, sans égard aux droits de la reine Claude, sa femme. Louise avait pris le titre de duchesse d'Angoulême. Investie du pouvoir suprême, en l'absence du roi, elle laissa percer une ambition égale à son avarice, s'entoura de conseil-lers dévoués à toutes ses volontés, causa la perte du Milanais en s'appropriant quatre cent mille écus destinés à la solde des troupes, et qu'elle avait forcé le sur-intendant Semblançay à livrer en ses

mains. Le manque d'argent amena la défection des Suisses et l'évacuation de la
Lombardie. Lautrec, maréchal de France,
commandait l'armée; il accourut porter
ses plaintes, et ne parvint à se faire entendre que sur les instances de la comtesse
de Châteaubriant, sa sœur. On lit, à ce
sujet, dans les *Mémoires de Martin du
Bellay* :

« Le seigneur de Lautrec, de retour en
« France, si le roy luy fit mauvais recueil,
« il ne s'en fault étonner, comme à celuy
« qu'il estimoit avoir par sa faulte perdu
« son duché de Milan, et ne voulut parler
« à luy; mais le seigneur de Lautrec, se
« voulant justifier, trouva moyen d'abor-
« der le roy, se plaignant du mauvais vi-
« sage que Sa Majesté lui portoit : le roy
« luy fit response qu'il en avoit grande
« occasion pour luy avoir perdu un tel
« héritage que le duché de Milan. Le sei-
« gneur de Lautrec luy fit response, que
« c'estoit Sa Majesté qui l'avoit perdu, non
« luy, et que, par plusieurs fois, il l'avoit
« adverty que, s'il n'estoit secouru d'ar-

« gent, il cognoissoit qu'il n'y avoit plus
« d'ordre d'arrester la gendarmerie, la-
« quelle avoit servi dix-huit mois sans
« toucher deniers et jusques à l'extrémité,
« et pareillement les Suisses, qui mesmes
« l'avoient contraint de combattre à son
« desadvantage, ce qu'ils n'eussent pas
« faict, s'ils eussent eu payement. Sa Ma-
« jesté luy repliqua qu'il avoit envoyé
« quatre cent mille escus alors qu'il les
« demanda. Le seigneur de Lautrec luy
« fit response n'avoir jamais eu ladicte
« somme, mais bien avoit-il eu lettres de
« Sa Majesté par lesquelles il luy escrivoit
« qu'il luy envoieroit ladicte somme. Sur
« ces propos, le seigneur de Semblançay,
« superintendant des finances de France,
« fut mandé; lequel advoua en avoir eu le
« commandement du roy, mais qu'estant
« ladicte somme preste à envoyer, Madame
« la régente, mère de Sa Majesté, auroit
« pris ladicte somme de quatre cent mille
« escus, et qu'il en feroit foy sur-le-champ.
« Le roy alla en la chambre de ladicte
« dame avec un visage courroucé, se plai-

« gnant du tort qu'elle luy avoit faict
« d'estre cause de la perte dudict duché
« de Milan; qu'il n'eust jamais estimé
« d'elle que d'avoir retenu ces deniers
« qui avoient esté ordonnez pour le se-
« cours de son armée. Elle, s'excusant
« dudict faict, fut mandé ledict seigneur
« de Semblançay, qui maintint son dire
« estre vray; mais elle dit que c'estoient
« deniers que ledict seigneur de Semblan-
« çay luy avoit de longtemps gardez, pro-
« cedant de l'espargne qu'elle avoit faicte
« de son revenu; et luy soustenoit le
« contraire. Sur ce differend furent or-
« donnez commissaires pour décider ceste
« dispute; mais le chancelier Duprat, de
« longtemps mal meu (mû) contre ledict
« seigneur de Semblançay, jaloux de sa
« faveur et de l'auctorité qu'il avoit sur les
« finances; voyant que Madame estoit re-
« devable audict seigneur de Semblançay,
« et non lui à elle, avant que souffrir ce
« differend estre terminé, mit le roy en
« jeu contre ledict seigneur de Semblan-
« çay, et luy bailla jugés et commissaires

« choisis pour luy faire son procès. »

Ce procès dura plusieurs années. Vers la fin de 1526, Semblançay fut conduit à la Bastille, et, sur une accusation vague de péculat, sans faire mention des quatre cent mille écus que s'était appropriés la régente, on le condamna, le 9 août 1527, à être pendu au gibet de Montfaucon; ce qui fut exécuté. Ainsi ce ministre, distingué par un esprit d'ordre et d'exactitude, toujours soigneux de se tenir éloigné des intrigues et des passions de la cour, pour lequel François Ier avait une amitié qui tenait du respect, et que ce monarque appelait son père, mourut sur un échafaud comme un dilapidateur et un vil scélérat. « C'est à cette horrible aventure, dit l'historien Gaillard, qu'il faut attribuer la haine attachée encore aujourd'hui au nom de la duchesse d'Angoulême. Abuser du pouvoir pour faire périr un innocent en le chargeant de ses propres crimes, c'est sans doute l'attentat le plus énorme qu'on puisse commettre contre l'humanité, et c'est cet attentat dont la mémoire de la duchesse d'Angoulême est restée chargée. »

La postérité n'absoudra jamais cette princesse d'un crime non moins grave, et dont les suites furent désastreuses pour la France; car Louise de Savoie fit du héros le plus accompli un traître et un rebelle qui, tournant ses armes contre sa patrie, démentit une vie jusque-là pleine de gloire et déshonora l'illustre nom que près de trois siècles avaient toujours vu sans tache, et toujours digne du saint roi dont il tenait son origine. Prince du sang et connétable du royaume, Charles de Bourbon-Montpensier était, par sa haute naissance, par son immense fortune et par l'autorité que lui donnait sa charge, le sujet de France le plus puissant, comme il en était le plus célèbre par ses talents, également propres au conseil et à la guerre, et par les services éclatants qu'il avait rendus à la couronne. Malheureusement, la mère de François Ier avait conçu contre la maison de Bourbon une aversion violente, sans autre raison que l'inclination particulière d'Anne de Bretagne pour cette branche de la famille royale. La duchesse d'Angoulême avait toujours haï la reine. On a vu combien Louise était fausse, avide, artificieuse et méchante : elle va se montrer aussi vindicative que passionnée, grâce à l'ascendant absolu que la supériorité de son esprit lui avait acquis sur son fils. Bourbon, paré de tous les avantages de la jeunesse et de la beauté, triomphant des préventions de la princesse, lui inspira le désir d'être l'objet de ses hommages ; mais il dédaigna les avances d'une femme plus âgée que lui, quoiqu'elle conservât encore une partie des attraits qui la faisaient briller à la cour. Tel était le caractère du connétable que, livré sans réserve aux affaires, il ne se laissait distraire de ses desseins ni par le goût de la galanterie, si dominant dans son siècle, ni par la séduction des vains plaisirs. Si l'on en croit l'histoire, ce prince si beau, si bien fait, si magnifique, dont les grâces martiales causaient tant d'impression sur le cœur

des plus grandes dames, échappa aux
piéges de la volupté, l'écueil de tant de
héros, et ne connut jamais d'autre femme
que la sienne. Il avait épousé Suzanne de
Bourbon, fille d'Anne de France et de
Pierre de Beaujeu, et Suzanne était petite, contrefaite, et entièrement dépour-
vue d'agréments. Les enfants qu'elle avait
eus de son époux n'avaient pas vécu.
Elle-même mourut le 28 avril 1521,
après avoir confirmé, par son testament,
la donation portée dans son contrat de
mariage, disposition qui rendait le connétable possesseur de vastes et superbes
domaines.

La duchesse d'Angoulême sentit son
amour renaître avec l'espérance. Elle offrit sa main à Bourbon. Celui-ci, le cœur
ulcéré par les dégoûts et les affronts qu'on
lui avait fait essuyer, repoussa cette offre
qui lui promettait la plus haute puissance. Non-seulement il résista aux instances, brava les menaces, mais il eut le
tort de se permettre des railleries san-
glantes sur l'âge et les mœurs de la du-

chesse. On conçoit alors toute la rage d'une femme outragée. Elle trouva dans le chancelier Duprat un aveugle et servile instrument de ses fureurs. Un procès fut intenté au connétable : il ne s'agissait de rien moins que de lui ravir la possession de plusieurs provinces. Dans ce procès figuraient comme parties, d'un côté, le roi et sa mère, de l'autre, un prince du sang, le second par la naissance, le premier par le mérite, et connétable de France. Sa belle-mère, la duchesse de Bourbon-Beaujeu, vit entamer cette odieuse affaire. Elle recueillit les restes d'un courage affaibli par ses chagrins et par la douleur d'avoir perdu sa fille. Elle défendit son gendre ; elle réclama l'exécution des dernières volontés de cette fille qu'elle pleurait ; elle succomba, le 14 novembre 1522, sous le poids d'un injuste pouvoir, et confirma par son testament celui de Suzanne de Bourbon.

L'iniquité devait prévaloir. Le Parlement ordonna, par provision, le séquestre de tous les biens du connétable. C'est alors que Charles-Quint, profitant d'une occasion si favorable à ses projets ambitieux, fit briller aux yeux du prince réduit à la misère et au désespoir, la fortune et la vengeance, et le héros se précipita tête baissée dans l'excès du crime et du malheur.

Il n'est pas de notre sujet de suivre la triste et honteuse carrière où l'un des vainqueurs de Marignan, vil transfuge à Pavie, combattait pour Charles-Quint, et concourait à la défaite et à la captivité de l'intrépide François Ier. L'histoire a consacré, pour la leçon des parjures, les paroles adressées au connétable par le chevalier sans peur et sans reproche : « Ce « n'est pas de moi, monsieur, lui dit « Bayard mourant, c'est de vous qu'il faut « avoir pitié : je meurs en homme de « bien ; mais vous, qui êtes Français et « prince du sang de France, vous avez aujourd'hui, contre votre honneur et « votre serment, les livrées d'Espagne sur « les épaules, et les armes à la main toutes « teintes du sang des Français. » On n'a point oublié la réponse qu'un généreux Espagnol, le marquis de Villena, fit à l'empereur qui le priait de loger le duc de Bourbon dans son palais à Madrid : « Je «n'ai rien à refuser à Votre Majesté Im- «périale, mais je lui déclare que si le duc «de Bourbon habite ma maison, j'y met- «trai le feu moi-même dès qu'il en sera «sorti, comme à un lieu souillé par la pré- «sence d'un traître et indigne d'être ha- «bité par un homme d'honneur. »

La fin de ce vaillant et malheureux guer- rier n'offre-t-elle pas encore un enseigne- ment terrible? Arrivé devant Rome pour en faire le siége : « Si je m'en rapporte «aux astrologues, dit-il à ses compagnons «d'armes, c'est ici que mon destin fatal «m'atteint; ils ont prédit que je périrais «à l'attaque d'une ville fameuse; j'ac- «cepte l'oracle, pourvu que la trace de «mon sang vous conduise à la victoire »; et, arrachant une échelle des mains d'un soldat, il l'applique à la brèche, y monte le premier, la pique haute et prête à frap- per l'ennemi; mais un coup d'arquebuse,

parti, dit-on, de la main d'un prêtre, lui
perce le flanc, et le renverse blessé mortellement dans le fossé. Bourbon, quoiqu'il ne lui reste qu'un souffle de vie,
conserve assez de force et de présence
d'esprit pour faire signe à un officier de
le couvrir d'un manteau, afin d'ôter la
connaissance de sa mort à l'armée, et de
vaincre même après qu'il a cessé de vivre.
— Rome, enlevée d'assaut, éprouva toutes
les horreurs que l'on peut attendre de la
férocité d'une soldatesque irritée de la résistance et enivrée par le succès. Jamais
les Goths ni les Vandales n'avaient exercé
dans la capitale du monde chrétien des
ravages comparables à ceux qui signalèrent la barbarie, l'avarice et la déprava-
tion de ces bandes espagnoles, allemandes
et italiennes.

Bourbon expira le 5 mai 1527, à l'âge
de trente-huit ans. Ainsi s'accomplit l'im-
précation qu'il avait proférée lui-même,
lorsque, trompant par de faux serments
les Milanais désespérés, il avait prié l'Etre
suprême de diriger contre sa poitrine la

première balle lancée par l'ennemi dans une bataille ou dans un assaut.

La nouvelle de sa mort remplit de joie la cour de François Ier; mais la France, que le connétable avait trahie, fut plus indulgente; elle le plaignit, et rejeta la honte de sa rébellion sur la duchesse d'Angoulême, qui l'avait poussé au crime. Ce fut elle qu'on accusa d'avoir enlevé à la patrie et donné aux ennemis tant de vaillance et de talent. En effet, jusqu'à l'époque où Bourbon se laissa entraîner par le désespoir et par la soif de la vengeance, quel Français avait servi l'Etat avec plus de zèle et plus de gloire, déployé dans toutes ses actions plus de vertu, de grandeur et de générosité? Aussi la postérité, ce juge incorruptible, condamne-t-elle encore plus hautement la mémoire de Louise de Savoie et du chancelier Duprat que celle du héros infortuné qu'ils forcèrent de devenir criminel.

De même que la fille aînée de Louis XI, Anne de France, en héritant de quelques-unes des qualités de ce monarque, les tempérait par ses propres vertus, de même la sœur de François Ier nous console par le contraste de son naturel avec celui de sa mère. L'esprit et la beauté, c'était tout ce que Marguerite de Valois tenait de la comtesse d'Angoulême; mais pour savoir combien elle en différait, on peut s'en rapporter au témoignage de l'historien du roi-chevalier.

« La duchesse d'Alençon, depuis reine de Navarre, avait le talent d'inspirer tout ce qu'elle sentait. Avec le désir de plaire, elle en eut tous les moyens, et la beauté fut le moindre de ses charmes. L'instruction était nécessaire à son âme, comme les aliments le sont au corps; elle avait un besoin plus noble, celui de faire du bien; et elle y joignait le courage plus rare d'empêcher le mal. Toujours libre et toujours sage, Marguerite plaça la liberté dans l'esprit, et la sagesse dans les mœurs; pour conserver le droit de tout dire et de tout écrire, elle ne fit rien contre son devoir. Indulgente sans intérêt, elle excusait les passions, souriait aux faiblesses, et ne les partageait jamais. Quelque tort qu'on eût avec elle, elle ne fit jamais un reproche, et n'en eut point à se faire. Bienfaisante avec équité, on ne vit, autant qu'il fut en elle, ni un service oublié, ni un talent négligé, ni une vertu méconnue. Elle aimait passionnément et son frère et les lettres; les savants lui étaient chers, les malheureux lui étaient sacrés; tous les hommes étaient ses frères, tous les Français étaient sa famille. »

D'après ce portrait, on présume bien que, si Marguerite se fût trouvée à la place de sa mère, elle n'eût point été lâche et cruelle envers Semblançay, elle n'eût point poussé au crime le connétable de Bourbon. N'est-il pas également probable que François Ier n'eût point perdu la bataille de Pavie, n'eût point été prisonnier de Charles-Quint?

Lorsque l'ennui de sa captivité mit ce frère si tendrement chéri aux portes du tombeau, Marguerite vola auprès de lui à Madrid, le rappela, par ses soins, à la santé, fit rougir l'Empereur des mauvais

traitements dont il accablait un rival malheureux, et si elle ne brisa pas d'abord
ses fers, elle parvint à en alléger le poids.
L'éloquence de cette sœur dévouée détermina enfin Charles-Quint à voir son
prisonnier. Si, dans les négociations dont
elle fut chargée pour obtenir la liberté
de François, ses grâces et son habileté
échouèrent contre la politique, l'astuce et
la mauvaise foi, elle sut du moins déjouer
le projet déloyal de la retenir elle-même
en captivité et repasser en France.

Ecoutons à son tour Brantôme : « J'ay
ouy dire qu'ayant sceu ceste extresme maladie, elle dit ces mesmes parolles : « Qui-
« conque viendra à ma porte m'annoncer
« la guerison du roy, mon frère, tel cour-
« rier fust-il, las, harrassé, fangeux et mal-
« propre, je l'yray baiser et accoller, comme
« le plus propre prince et gentilhomme de
« France, et quand il auroit faulte de lict,
« et n'en pourroit trouver pour se délasser,
« je luy donnerois le mien, et coucherois
« plus tost sur la dure, pour telles bonnes
« nouvelles qu'il m'apporteroit. »

Doit-on s'étonner de la tendresse que François Ier témoignait à sa sœur? Il l'appelait sa *Mignonne*, et lui donnait le nom de la *Marguerite des Marguerites*, et toute la cour la nommait ainsi.

Née à Angoulême, le 11 avril 1492, Marguerite de Valois fut élevée à la cour de Louis XII. Elle épousa, en 1509, Charles, duc d'Alençon, premier prince du sang, qui mourut, sans enfants, le 11 avril 1525, peu de temps après la bataille de Pavie, à la perte de laquelle il avait beaucoup contribué. Marguerite fut mariée en secondes noces, le 24 janvier 1527, à Henri d'Albret, roi de Navarre, et décéda, au château d'Odos, en Bigorre, le 21 décembre 1549. Elle avait eu de ce dernier mariage Jeanne d'Albret, mère de notre immortel roi Henri IV, laquelle avait bien aussi son héroïsme.

Comme à Alençon, Marguerite porta dans la Navarre les talents et les grâces qui l'avaient rendue l'ornement de la cour de France. Ses soins y firent prospérer l'agriculture et le commerce, fleurir les arts et régner la justice. Elle bâtit le château de Pau, et y joignit des jardins magnifiques. Ainsi avait-elle doté les hôpitaux d'Alençon et de Mortagne, au Perche, et fondé, en 1538, à Paris, l'hôpital de ces orphelins que l'on appela *les Enfants rouges*. Le pape Adrien VI avait pour elle une si haute considération, qu'il la pria de le seconder dans son désir d'apaiser entre les princes chrétiens les dissensions qui affligeaient l'Europe et l'Eglise. Ceci répond aux doutes qu'on voulut élever sur les sentiments religieux de la reine de Navarre.

Le temps qu'elle ne donnait pas aux affaires d'Etat, elle l'employait soit à l'étude, soit à des ouvrages d'aiguille et de tapisserie, et, tout en se livrant à ces occupations, elle dictait à ses secrétaires les productions en prose ou en vers qu'enfantait son imagination. De tous ses écrits, le meilleur, celui qui brille par plus d'esprit et de facilité, est l'*Heptaméron*, ou les *Nouvelles de la reine de Navarre*. Cet ouvrage, conçu à l'imitation du *Decaméron*

de Boccace, fut publié pour la première
fois en 1558, neuf ans après la mort de
Marguerite.

Brantôme assure qu'elle composa toutes
ces nouvelles, « la plupart dans sa litière,
« en allant par pays, car elle avoit de plus
« grandes occupations estant retirée. Je
« l'ay ouy ainsi conter à ma grand' mère,
« qui alloit toujours avec elle dans sa li-
« tière, comme sa dame d'honneur, et luy
« tenoit l'escritoire dont elle escrivoit, et
« les mettoit par escript aussitost et habi-
« lement, et plus que si on luy eust dicté. »

En résumé, le quinzième siècle, qui a
produit ou vu briller tant de héros, tant
de grands capitaines, tant d'hommes habiles au maniement des affaires, les Dunois, les Lahire, les Saintrailles, le connétable de Richemont, les La Trémouille,
les Bayard, les d'Amboise, un Jacques
Cœur, les rois Charles VII et Louis XII,
ce siècle n'a pas été moins fécond en
femmes illustres : Anne de Beaujeu,
Jeanne de France, Anne de Bretagne, la
reine de Navarre, Marguerite de Valois

viennent de passer sous nos yeux. Quel Français pourrait oublier Jeanne d'Arc, cette vierge héroïque qui, inspirée par le Ciel, délivra la ville d'Orléans, et, malgré tous les obstacles et les périls, mena sacrer à Reims le monarque, rendu aux combats et à l'honneur par les exhortations d'Agnès Sorel, qu'excuse en quelque sorte son dévouement à la patrie? La mort de la Pucelle d'Orléans sera dans tous les âges l'opprobre des Anglais, qu'elle avait battus tant de fois. À toutes ces femmes, dont la mémoire est ineffaçable, pourquoi n'ajouterions-nous pas un nom qui appartient aussi à la France et au quinzième siècle, le nom de la fille du bon roi Réné, Marguerite d'Anjou, que « nulle femme, « dit le père d'Orléans, ne surpassait en « beauté, et que peu d'hommes égalaient « en courage », cette reine d'Angleterre, qui soutint les droits de Henri de Lancastre, son époux, dans douze batailles rangées; qui, vaincue enfin, et poursuivie dans une forêt avec son enfant, le jette aux bras d'un brigand avec ces paroles :

« Mon ami, sauve le fils de ton roi », et, après des malheurs inouïs, vint mourir ignorée dans le château de Dampierre, près de Saumur, le 25 août 1482? Tous ces noms ont honoré le quinzième et le seizième siècle, et sont également la gloire éternelle de la France.

FIN.

SOUVENIRS D'UN OCTOGÉNAIRE

ou

MÉMOIRES

LITTÉRAIRES, DIPLOMATIQUES

ET

ADMINISTRATIFS

PAR

LE BARON TROUVÉ,

Officier de la Légion-d'Honneur.

—

SOUSCRIPTION

—

PROSPECTUS

L'auteur a été successivement rédacteur en chef du *Moniteur*, secrétaire général du Directoire exécutif, ambassadeur en Italie et en Allemagne, membre du Tribunat, préfet du département de l'Aude, imprimeur à Paris, maître des requêtes, et chef de la division des beaux-arts au ministère de l'intérieur.

Il a, depuis 1791, assisté à toutes les séances

de l'Assemblée législative et de la Convention nationale. Ses relations en France et à l'étranger, ses rapports avec le Directoire exécutif, le Consulat, l'Empire et la Restauration, ne sont peut-être pas indignes de l'attention publique. Ce qu'il raconte, il l'a vu ; ses récits, comme ses actes, sont appuyés de documents authentiques : ordres du gouvernement, instructions et correspondances officielles, lettres à lui adressées par de hauts et célèbres personnages, princes, guerriers, hommes d'Etat, académiciens et artistes.

L'ouvrage formera six volumes in-8°, de trente feuilles environ. Prix de chaque volume, 6 francs pour Paris, et 7 fr. 50 c. par la poste. Il paraîtra un volume dans le courant de chaque mois.

On souscrit, sans rien payer d'avance,

CHEZ L'AUTEUR,

RUE DE PUTEAUX, 17, A BATIGNOLLES (SEINE).

Toutes les lettres devront être affranchies.

MODÈLE D'ENGAGEMENT.

Je soussigné déclare souscrire pour [1] *exemplaire* de l'ouvrage intitulé : **Souvenirs d'un octogénaire ou Mémoires du baron Trouvé**, *formant six volumes in-8°, qui paraîtront par livraisons d'un volume, tous les mois, et je m'engage à payer, en retirant chaque livraison, la somme de* six francs *pour Paris,* ou sept francs cinquante centimes *par la poste.*

[A

le   18   . [2]

[1] Indiquer en toutes lettres le nombre d'exemplaires auquel on veut souscrire.

[2] Signer et donner très-lisiblement son adresse.

*Aperçu des matières contenues dans les différents livres
de cet ouvrage.*

LIVRE PREMIER.

Commencements de l'auteur.—Son bienfaiteur M. Pauly.
—Etudes premières chez les Oratoriens, à Angers, ache-
vées à Paris, au collége d'Harcourt.—Condisciples et amis
jusqu'à leur mort : Picard, de l'Académie française, le général La Houssaye, Esmangart, de Brosses, Villot de Fréville,
préfets et conseillers d'Etat.— Les académi-
ciens Florian, La Harpe, Bernardin de Saint-Pierre.— Col-
laboration au *Moniteur universel*, avec M. Maret (depuis duc
de Bassano). — Le poëte Ducis. — Berquin (l'*Ami des Enfants*), Tallien, Rabaut Saint-Etienne, Ginguené, Lenoir-
la-Roche, Resnier, Pierre David, Jourdan, Sauvo, Guillois.
— L'Assemblée législative et la Convention nationale. —
Mme Alexandre de Beauharnais (depuis Mme Bonaparte) ;
ses enfants, Eugène et Hortense. — La famille Sanlot,
MM. Charles et Breguet (membres de l'Institut). — Le
9 thermidor (27 juillet 1794). — Chute de Robespierre.—
Tragédie sur ce sujet, jouée avec succès, au Théâtre-Français, sous le titre de *Pausanias*, le 28 mars 1795.

Le Directoire exécutif.—L'auteur est nommé secrétaire
général, donne sa démission au bout de quelques jours,
et reprend sa place de rédacteur en chef du *Moniteur*.—Son
mariage.—Le Jardin des Plantes.— La famille Thouïn.—
Il est nommé secrétaire de légation près la cour de Naples.
—Son séjour à la campagne, dans le voisinage de Milan,
chez le général en chef de l'armée d'Italie. — Mme Bonaparte.—Les frères du général, Joseph et Louis Bonaparte.
—Pauline Bonaparte, leur sœur.

Parme, M. de Permon. — Florence, M. de Fréville.—
Rome, M. Cacault.— Leur hospitalité. — Les monuments
de Rome, visités avec le sculpteur Moitte, le peintre Ber-
thelemy, le dessinateur Wicar; ceux de Tivoli, avec le

statuaire Canova. — Le chevalier Azara, ambassadeur d'Espagne près le saint-siége. — Son ami, l'archéologue Séroux d'Agincour.

LIVRE II.

LÉGATION DE NAPLES.

Le roi des Deux-Siciles, Ferdinand IV, frère de Charles IV, roi d'Espagne. — La reine Marie-Caroline, sœur de la reine de France, Marie-Antoinette. — Le général Acton. —Dispositions de cette cour envers les Français.—Le corps diplomatique.—Le général Canclaux, ministre plénipotentiaire de la République française.—Lady Hamilton, femme du ministre d'Angleterre.— Le docteur Cirillo. — Présentation du ministre Canclaux et du secrétaire de légation. — Mariage du prince héréditaire avec une archiduchesse d'Autriche, qui fut la mère de Mme la duchesse de Berry.— Fêtes brillantes à l'occasion de ce mariage.

Théâtre de Naples. — Les célèbres compositeurs Piccini, Paisiello, Guglielmi et Cimarosa; — le savant Monge. — Courses dans les environs de Naples; — ascension au Vésuve, avec le professeur de minéralogie, Scipion Breislak.

M. Mathieu, consul d'Amérique; — villégiature à son casino, sous le fort Saint-Elme. — Lettre du général Bonaparte au secrétaire de légation Trouvé. — Correspondance de Joseph Bonaparte, ambassadeur à Rome; — rappel du général Canclaux. — Trouvé, nommé chargé d'affaires; — ses luttes continuelles avec le ministère napolitain. — Le prince de Castelcicala; — son successeur le marquis de Gallo. — Conférences et notes diplomatiques entre ce secrétaire d'Etat et le chargé d'affaires. — Visite au couvent des Camaldules. — Le jeune Eugène de Beauharnais. Les officiers supérieurs Pascal Vallongue et Morio.— Poussielgue et sa mission à Malte. — Les généraux Belliard et Duphot; — ce dernier est assassiné à Rome; — documents relatifs à cet attentat. —Témoignages de satisfaction adressés au chargé d'affaires par M. de Talleyrand,

LIVRE III.

LÉGATION DE MILAN.

LIVRE IV.

LÉGATION DE STUTTGARD.

Lettre du directeur Revellière-Lépeaux. — Imputation calomnieuse de Fouché; Réfutation. — Révolution à Naples. — Mise en liberté des prisonniers politiques. — Lettre de M. Reinhard, ministre de France en Toscane, concernant le Wurtemberg, sa patrie. — Coup d'œil sur cette partie de l'Allemagne et sur sa capitale. — Visite de deux membres des États. — Le ministre de France ferme l'oreille à leurs insinuations. — Il présente ses lettres de créance au prince régnant. — Son portrait et celui de la duchesse. — Dîner hebdomadaire à la cour. — Levée de boucliers de S. A. S. contre quelques membres de l'Assemblée des États. — Son discours sur les intrigues de certains meneurs. — Démarche officieuse du ministre de France pour dissuader le prince de se retirer, en cas de guerre, dans les États prussiens. — Allégation calomnieuse du ministre d'Angleterre près la cour de Bavière, contre les ministres de France à Munich et à Stuttgard. — Notes officielles à ce sujet. — Réponse du secrétaire d'État, empreinte de bienveillance et de sécurité.

Reprise des hostilités entre la France et l'Autriche. — Correspondance à laquelle donne lieu le renouvellement de la guerre. — Lettres de M. de Talleyrand, du ministre des finances, Ramel, des généraux Jourdan, Ernouf, Gouvion Saint-Cyr, Ney. — Proclamation du général Bernadotte aux peuples de la Germanie. — Retraite de l'armée française; rupture du Congrès de Rastadt. — Voyage de Mme Trouvé, revenant d'Italie; elle est obligée de s'arrêter à Strasbourg. — Arrivée du secrétaire de légation, P. David, à Stuttgard. — Un envoyé de l'archiduc Charles vient exiger le départ du ministre de France. — Le ministre et le secrétaire se mettent en route sous l'escorte de l'officier autrichien. — Retour par Rastadt huit jours

avant l'assassinat des plénipotentiaires Bonnier et Rober-
jot. — Arrivée à Paris le jour même où Mme Trouvé est
accouchée d'un fils.

Visite à M. de Talleyrand. — M. et Mme Récamier. —
Mme Bonaparte. — Confidence de ses chagrins domestiques. — Orages politiques. — Trois membres du Directoire obligés de se démettre de leurs fonctions. — Dénon-
ciation contre ce gouvernement et ses agents diplomatiques. — Publication d'un mémoire intitulé : *Quelques
explications sur la République cisalpine.*

Le général Bonaparte de retour d'Égypte. — Journée
du 18 brumaire (10 novembre 1799). — Constitution de
l'an VIII. — Gouvernement consulaire. — Bonaparte,
premier Consul. — Institution du Tribunat. — Trouvé
nommé l'un des cent membres qui composent cette assemblée.

LIVRE V.

LE TRIBUNAT.

Installation du Tribunat, au Palais-Royal, le 1er janvier 1800. — Daunou élu président. — Loi du 28 pluviôse
an VIII (17 février), concernant l'organisation administra-
tive. — Séjour en Brie. — Malheur de famille. — Victoire
de Marengo. — Excursion à Ermenonville. — Audience
du premier Consul. — Attentat du 3 nivôse an IX (24 décembre 1800), machine infernale.

Traité de paix conclu à Lunéville, entre la France et
l'Autriche. — Fêtés à cette occasion chez les ministres
Talleyrand et Berthier. — Dîners aux Tuileries. — Conversation de Bonaparte. — Début de Mme Saint-Elme (la
Contemporaine) au Théâtre-Français, dans le rôle de Di-
don. — Traité de paix avec le roi de Naples. — Trouvé
est chargé d'en soutenir la discussion devant le Corps lé-
gislatif. — Théâtre-Italien. — La musique de Cimarosa
et le talent de la cantatrice Strinasacchi, sont le sujet ex-
clusif de l'entretien du premier Consul dans son audience

publique. — Dîner chez M. Haller avec Mme de Staël. — Le compositeur Méhul et l'*Irato*.

Traité d'Amiens; paix entre la France et l'Angleterre, 25 mars 1802. — Loi du 4 avril suivant, homologuant le Concordat passé avec le pape Pie VII, le 10 septembre 1801. — *Te Deum* chanté à Notre-Dame. — Expédition de Saint-Domingue. — Voyage à Brest. — Le préfet maritime Joseph Caffarelli. — Le capitaine Magon ; dîner à bord de son vaisseau, le *Mont-Blanc*. — Retour à Paris. — Audience particulière du premier Consul. — Consulat à vie. — Création de l'ordre de la Légion-d'Honneur. — Les consuls Cambacérès et Lebrun. — Trouvé, président du Tribunat; vœu de cette assemblée à l'occasion de la rupture du traité d'Amiens. — La tragédie d'*Esther* jouée sur le théâtre de Saint-Cloud. — Cercle de Mme Bonaparte. — Nouvelle audience du premier Consul. — Promesse d'une préfecture, réalisée au bout de deux jours. — M. Otto. — Pierre David à Malte et à Naples ; sa correspondance. — Le colonel Lebrun de la Houssaye. — Dîner champêtre du grand-juge Regnier (depuis duc de Massa) dans la forêt de Saint-Germain-en-Laye. — Départ de Paris pour la préfecture de l'Aude. — Toulouse, le préfet Richard. — Castelnaudary, le général Andréossy.

LIVRE VI.

PRÉFECTURE DU DÉPARTEMENT DE L'AUDE.

Arrivée à Carcassonne, le 29 juillet 1803. — Installation du nouveau préfet. — Course dans l'arrondissement de Limoux et aux forges de Gincla. — Organisation ecclésiastique en exécution du Concordat. — Témoignages de satisfaction exprimés par M. Portalis, ministre des cultes. — Industrie manufacturière. — Clôture de l'École centrale. — Le jeune Alexandre Guiraud.

Voyage sur le canal de Languedoc. — Tournée dans l'arrondissement de Narbonne et au port de la Nouvelle. — Le

LIVRE VII.

PRÉFECTURE DE L'AUDE (*suite*).

Poussielgue, inspecteur général du cadastre. — Cause de sa longue disgrâce. — Excursion aux forges de Gincla et dans le département des Pyrénées-Orientales.—Côtes maritimes du département de l'Aude. — Lettre de M. de Sémonville. — Voyage à Marseille et à Toulon. — Baron de l'Empire, 3 décembre 1809.

Voyage à Paris par congé, janvier 1810. — Spectacle à la cour des Tuileries. — Le maréchal Masséna. — L'archichancelier. — M. de Montalivet, ministre de l'intérieur. — Le ministre des cultes et les cardinaux italiens. — Visite à l'impératrice Joséphine, à la Malmaison. — Audience de l'Empereur; — départ pour Carcassonne; — séjour à Bordeaux; — l'ancien tribun Gary, préfet de la Gironde. — Inauguration de là nouvelle direction du canal de Languedoc, 31 mai 1810.

Mme Trouvé, à Paris, avec ses deux filles, 1811; — elle est reçue à la Malmaison par l'impératrice Joséphine. — Promotion au grade d'officier de la Légion-d'Honneur, 30 juin 1811.— Inauguration du buste de l'Empereur.

Auditeurs sous-préfets aux chefs-lieux de départements, 1812.—Année de sinistre augure par des craintes de disette, par une audacieuse conspiration, par là fatale campagne de Russie.—L'ancien tribun Duveyrier, premier président de la Cour de Montpellier, tient les assises à Carcassonne. — M. de Las Cases, 1813. — Témoignages d'estime de la part du Conseil général de l'Aude. — Levée des gardes d'honneur.—Lettre du ministre de l'intérieur, 29 décembre 1813.

LIVRE VIII.

PRÉFECTURE DE L'AUDE (*suite*).

1814.—Le comte Joseph Caffarelli, commissaire extraordinaire de l'Empereur.—Lettre du ministre de l'intérieur sur les mesures à prendre en cas d'invasion de l'ennemi. — Réquisitions de tout genre; — le maréchal Suchet. — Passage du pape Pie VII dans le département.—Hommage public rendu à Sa Sainteté par le préfet. — Passage du roi

et des infants d'Espagne. — Le maréchal Soult à Castelnaudary; le maréchal Suchet, à Narbonne, avec leur état-
major.—Lettre d'adieu du comte Caffarelli.—Proclamation
de la régente Marie-Louise, Blois, avril 1814.—Prestation
de serment au roi Louis XVIII par les maréchaux Suchet,
Soult et par le préfet de l'Aude.

Voyage à Toulouse. — Le général Wellington. — Monseigneur le duc d'Angoulême. — S. A. R. promet de visiter
le département de l'Aude. — Elle entre à Carcassonne le
3 mai, se rend à Narbonne, passe en revue l'armée du
maréchal Suchet.

Monsieur, comte d'Artois, à Montpellier, 12 octobre 1814.
— Audience particulière du prince au préfet de l'Aude.—
Chagrin qu'éprouve le premier président Duveyrier. —
Voyage à Paris, par congé, janvier 1815.— Entretien avec
M. l'abbé de Montesquiou, ministre, et avec M. Guizot,
secrétaire général de l'intérieur. — Présentation du préfet
et de Mme Trouvé au roi et à la famille royale.

Napoléon revient de l'île d'Elbe. — *Les Cent-Jours.* —
Conversation avec le duc d'Otrante Fouché, ministre de la
police. — Visite à M. Pauly, en Anjou. — Seconde abdica-
tion. — Trouvé, admis à Saint-Denis, auprès du roi
Louis XVIII, le 8 juillet, et renvoyé dans la préfecture de
l'Aude. — M. le vicomte de Champagny, commissaire extraordinaire du roi. — M. le duc et Mme la duchesse d'Angoulême, à Toulouse. — Nouveau passage du prince et
son dernier séjour à Carcassonne, novembre 1815. — Correspondance avec S. A. R., 1816. — Elle accepte la dédi-
cace de la Statistique du département de l'Aude.

Ordonnance du 5 septembre 1816.—Destitution du préfet. — Voyage à Paris. — Audience particulière de M. le
duc, de Mme la duchesse d'Angoulême et de Monsieur,
frère du roi.

1817.— Lettre de M. le duc d'Angoulême.— Séjour pendant cette année à Carcassonne, pour compléter l'ouvrage
sur le Languedoc.—Recherches dans les archives de Mont-

pellier.—Le général Briche, le premier président, l'évêque,
le préfet de l'Hérault. — Curieuse collection de M. de
Mussey, relative à Mme de Sévigné. — Lettre de M. le cardinal de Bausset. — Départ définitif de Carcassonne.

LIVRE IX.

PARIS.

Publication de l'ouvrage intitulé : *Essai historique sur
les Etats de Languedoc, et description générale du département de l'Aude.* — Offrande du premier volume au roi, à
Monsieur, aux princes ses fils, et à Madame. — Jugement
des journaux. — M. Peuchet, M. Malte-Brun, etc. — Mé-
daille d'or décernée par l'Académie des sciences. — Entrevue avec M. Lainé, ministre de l'intérieur. — Accueil dé-
courageant. — M. et Mme de Chateaubriand.

Le château de Vincennes. — Le Garde-Meuble de la
couronne. — Le château de Petit-Bourg. — L'ancien ac-
teur Saint-Prix. — Le château de Bâville. — Aunay; la
maison de campagne de M. de Chateaubriand. — L'Académicien Picard. — Le capitaine de vaisseau, M. de la Breton-
nière; détails sur la bataille navale de Trafalgar, et sur les
derniers moments de Charles Esmangart et de l'amiral
Magon. — M. de Vaublanc, ancien ministre; son poëme
intitulé : *le Dernier des Césars.* — Mme la marquise de La
Rochejaquelein. — Le Théâtre-Français. — M. le comte
Jules de Polignac. — M. le vicomte de Bonald. — M. Fiévée.
— Le général Canuel. — La statue d'Henri IV. — Audience
de M. Decazes. — Le duc de Richelieu. — Le général Des-
soles. — Messe de minuit à la chapelle des Tuileries. —
Athalie jouée à l'Opéra; succès de Talma dans le rôle de
Joad. — Le docteur Alibert et ses déjeuners du dimanche.

Le *Conservateur.* — Note de l'éditeur responsable. —
M. Rives. — Saint-Cloud. — M. de Chateaubriand dans
l'intimité. — Infirmerie de Marie-Thérèse. — M. l'abbé de
Lamennais. — Aversion du roi pour le *Conservateur.* —
1820. — Assassinat de M. le duc de Berry. — Rétablisse-

LIVRE X.

IMPRIMERIE. — SOCIÉTÉ DES BONNES-LETTRES. DIVISION DES BEAUX-ARTS. — RÉVOLUTION DE 1830.

famille, tempéré par la naissance d'un petit-fils. — Voyage en Languedoc et en Provence. — La fontaine de Vaucluse. — Vente de l'imprimerie, 1829. — Ministère du 9 août. — M. de la Bourdonnaye ; le chef de son cabinet maître des requêtes. — M. de Montbel. — La division des Beaux-Arts. — Le canal des Pyrénées. — M. de Peyronnet. — Nouveaux orages politiques. — Conquête d'Alger. — Révolution de 1830. — Refuge en Provence. — Dernière catastrophe de famille. — Retour à Paris.

PUBLICATIONS NOUVELLES. — *Jacques Cœur*, argentier du roi Charles VII, quinzième siècle, 1 volume in-8°, 1840.

Voyage en Belgique, en Hollande et en Italie, rédigé sur les notes autographes de feu M. André Thouïn, membre de l'Institut, professeur administrateur au Muséum d'histoire naturelle, 2 volumes in-8°, 1841.

LIVRE XI.

MÉLANGES DE LITTÉRATURE.

Quelques poésies. — Tragédie de Pausanias. Pensées de Louis XIV, extraites des Mémoires de ce grand roi, et publiées à l'avénement de Charles X.

LIVRE XII.

CRITIQUE LITTÉRAIRE.

LIVRE XIII.

CRITIQUE THÉATRALE. — LETTRES DU *Vieil Amateur*.

LIVRE XIV.

LETTRES DE DIVERS PERSONNAGES, PRINCES, GUERRIERS, HOMMES D'ÉTAT, ACADÉMICIENS ET ARTISTES.

L'auteur possède les originaux autographes de ces lettres à lui adressées. — Il y a joint plus de cent cinquante portraits gravés ou lithographiés.

TYPOGRAPHIE HENNUYER, RUE DU BOULEVARD, 7. BATIGNOLLES.
Boulevard extérieur de Paris.

www.ingramcontent.com/pod-product-compliance
Ingram Content Group UK Ltd.
Pitfield, Milton Keynes, MK11 3LW, UK
UKHW021921070726
13614UKWH00001B/175